TOTEM
Gallmeister

Chris Offutt est né en 1958 dans le Kentucky, où il a grandi au pied des Appalaches. Après avoir tenté de s'engager, il traverse les États-Unis en stop et commence à écrire. Il intégrera plus tard le prestigieux Iowa Writer Workshop. Auteur de plusieurs romans et recueils de nouvelles, il collabore également à l'écriture de scénarios pour des séries, dont *Weeds*, *True Blood* et *Treme*. *Nuits Appalaches* a remporté le Prix Mystère de la Critique et le Prix du roman noir du festival de Beaune. *Les Gens des collines* inaugure sa série Mick Hardin, qui remporte un succès croissant.

LA LOI DES COLLINES

C'est du rural noir américain, mais de très très haute volée.

France Inter

On se cale dans la mélancolie de Chris Offutt, sa façon d'aimer les perdants qui sentent la sueur, la cigarette et l'huile de moteur, sa tendresse pour les femmes désemparées et brouillonnes.

Libération

Avec ce troisième et excellent volet des aventures de Mick Hardin, Chris Offutt réussit un réjouissant rural noir, à la fois violent, subtil et plein d'humour.

Le Figaro Magazine

Chris Offutt brosse le portrait tout en subtilité d'un homme rattrapé par une culture qu'il a cherché à fuir.

Les Échos

DU MÊME AUTEUR

Sortis des bois, totem n°188
Nuits Appalaches, 2019 ; totem n°165
Kentucky Straight, totem n°104
Le Bon Frère, totem n°64

Les enquêtes de Mick Hardin

Les Gens des collines, 2022 ; totem n°263
Les Fils de Shifty, 2024 ; totem n°301
La Loi des collines, 2025 ; totem n°342
Shérif malgré lui, 2026

Chris Offutt

LA LOI DES COLLINES

Roman

Traduit de l'américain
par Anatole Pons-Reumaux

TOTEM

TOTEM n°342

Titre original : CODE OF THE HILLS

ISBN 978-2-404-08121-2
ISSN 2105-4681

Illustration de couverture © Sam Ward
Conception graphique de la couverture : Valérie Renaud

Pour James Offutt

Je n'ai jamais rencontré un seul Kentuckien qui n'envisageait pas de rentrer au pays, quand il n'était pas déjà en train de le faire.

ALBERT BENJAMIN "HAPPY" CHANDLER,
ANCIEN GOUVERNEUR DU KENTUCKY

I

JANICE roulait lentement pour éviter de secouer les contenants de nourriture par terre derrière son siège. Elle en avait de meilleurs à la maison, mais son père allait sûrement les garder pour y mettre des vis et des écrous. Elle lui apportait à manger deux fois par semaine et la corvée lui pesait – la cuisine, la route, les difficultés pour trouver un sujet autre que la météo ou ses voitures. C'était une simple affaire de proximité. Janice était la plus âgée de ses quatre enfants adultes et la seule à habiter près de chez lui. Elle regrettait souvent qu'il ne soit pas mort avant sa mère. Une fois son épouse disparue, il était devenu oiseux et déprimé. Rien ne l'intéressait à part retaper des voitures et s'occuper de ses poules.

À l'embranchement conduisant à son vallon, elle s'efforça d'éviter les nids-de-poule, tâche impossible à cause de leur largeur. Ils étaient secs, ce qui faisait violemment cahoter les pneus. Pour le dernier, elle avait le choix : passer dedans à la vitesse d'une tortue droguée ou le contourner et risquer de finir dans la vergerette du fossé.

Janice ne jurait jamais à voix haute, mais sa tête était emplie de mots fleuris. Et puis mince, pensa-t-elle. Elle écrasa l'accélérateur et fit crisser la vieille suspension tandis que les pneus plongeaient dans un trou de dix centimètres.

L'allée s'achevait sur le jardin en terre battue occupé par cinq voitures – trois pour les pièces, une qu'il conduisait et une qu'il retapait. Il n'avait pas mis les pieds dans un magasin depuis six mois. Elle ne se souvenait pas de la dernière fois où il lui avait rendu visite. Peut-être que ça vaut mieux, pensa-t-elle. Il sentait la sueur, la cigarette et l'huile de moteur. Les pores de ses mains étaient imprégnés de cambouis après des décennies sous des capots.

Elle klaxonna pour signaler sa présence, sortit de la voiture et ouvrit la portière arrière. Sans surprise, il y avait une flaque de sauce spaghetti sur le carton qu'elle avait posé sous les contenants en plastique. De la laitue s'était renversée sur le tapis, une salade qu'elle avait préparée consciencieusement tout en sachant qu'il ne la mangerait pas. Le couvercle des pâtes avait glissé sous le siège et elle décida de le récupérer plus tard. Il s'en ficherait. Il les mangerait sans doute au-dessus de l'évier avec les mains.

Elle apporta la nourriture sur le porche, tira la porte moustiquaire d'un doigt, l'ouvrit avec son pied et entra. L'odeur familière du savon et de la lotion pour les mains de sa mère perçait sous l'épaisse couche d'un homme vivant seul. Les effluves emmêlés lui rappelaient toujours des jours meilleurs.

— Papa, dit-elle. Je t'ai apporté à dîner.

Elle n'entendit rien, ce qui ne signifiait rien. Il faisait souvent la sieste dans la chambre d'appoint, où sa mère faisait sa couture autrefois. Il n'avait pas dormi dans son propre lit depuis la mort de son épouse. Janice posa les plats sur le plan de travail et secoua la tête devant la vaisselle sale dans l'évier. Ce serait à elle de la laver. Elle l'appela de nouveau, plus doucement, au cas où il dormirait, mais la chambre était vide à l'exception de l'étroit lit simple et des piles de tissu de sa mère. Des fins de rouleaux qu'elle avait dénichées en solde étaient entreposées dans un coin. Janice ouvrit les rideaux et souleva la fenêtre pour chasser l'odeur de renfermé. À travers la moustiquaire, elle vit son père étendu par terre.

Elle courut jusqu'au jardin de derrière, pensant qu'il avait fait une attaque ou un infarctus. Elle sentait son cœur tambouriner dans sa poitrine. Il était étendu sur le dos comme s'il faisait la sieste, avec une clé à molette à côté des doigts recourbés de sa main noircie de graisse. Le devant de sa chemise était taché de sang séché à la suite d'une blessure par balle. Elle appela la police et commença à laver la vaisselle. Les secours étaient en route, les flics, les ambulanciers et les pompiers. Elle s'en voulait pour les pensées qu'elle avait eues envers son père un instant plus tôt. Il était trop tard maintenant, elle le savait, mais la culpabilité vivrait longtemps en elle, comme une courroie détendue dans une des voitures du jardin de son père.

2

MICK Hardin prit sa douche réglementaire de deux minutes, se sécha en une minute et en passa deux autres à s'habiller. Son T-shirt était humide par endroits contre son torse, mais il s'en fichait. Il passa sa main dans ses cheveux, qui commençaient déjà à repousser. Ça aussi, il s'en fichait. Depuis minuit, il n'était plus un membre actif des forces armées américaines. Il n'avait plus à se soucier de quoi que ce soit par sens du devoir.

Il étudia son reflet rasé de frais dans le miroir embué. À trente-neuf ans, il était toujours en bonne condition, avec toutes ses dents et tous ses cheveux. Pas de quoi fanfaronner, mais c'était plus que pour beaucoup de gens. S'il ne se montrait pas trop dépensier, il pourrait vivre de sa pension pendant plusieurs dizaines d'années. Avant son désengagement, il avait accepté de former de nouveaux enquêteurs pour le CID* en échange d'une promotion et d'une augmentation à l'avenant. Il avait fait ça pendant un

* Division des enquêtes criminelles de l'armée. (Toutes les notes sont du traducteur.)

an. Il avait été surpris d'apprécier le travail auprès de jeunes soldats, mais pas assez pour prolonger son engagement. Il n'était pas enseignant, il était enquêteur, et maintenant il était sans emploi.

Chacune de ses actions semblait signifiante pour ce dernier jour à l'armée – la dernière douche, le dernier lit au carré, le dernier petit déjeuner composé d'œufs baveux, de toasts durs et de patates sèches. Le dernier trajet à pied entre le mess et ses quartiers. Le dernier retrait à la banque de la base – vingt mille dollars en liquide. Au Fort Leonard Wood, les activités suivaient leur cours comme s'il ne se passait rien de notable. Pour tous les autres soldats, c'était le cas, juste une morne journée de service comme une autre.

Il apporta une valise et un sac de toile à son pick-up. Un caporal lui adressa son dernier salut, hâtif et bâclé, un laisser-aller indiquant une gueule de bois. À la porte principale, il fit un signe de tête à l'intention des sentinelles et roula vers le nord en passant devant les commerces présents dans toutes les garnisons – prêteur sur gages, pizzeria, salon de tatouage, club de strip-tease et salle d'arcade. Fast-foods et motels au rabais. Fort Leonard Woods était situé dans les monts Ozarks, Missouri, un joli coin qui lui rappelait le pays. Il mit le cap vers le nord-est en direction de Saint-Louis, où il gagna l'I-64 pour le long trajet jusqu'à Rocksalt, dans le Kentucky. Le vieux pick-up roulait bien, un Chevrolet stepside de 1963 ayant appartenu à son grand-père, qui avait élevé Mick au fin fond de la forêt nationale Daniel Boone.

Comme tout soldat, il avait rêvé de ce jour depuis ses classes. Finalement, ça avait tout du pétard mouillé, un épilogue déprimant. Il était soulagé d'être dispensé d'une cérémonie formelle et fastidieuse exigeant une endurance stoïque. Sa carrière s'était achevée par une signature au bas de quelques formulaires. C'était similaire au divorce. Dans les deux cas, une partie importante de sa vie s'achevait brutalement avec des documents légaux dans un bureau impersonnel. Il éprouva une brève sensation de doute, qu'il repoussa.

Après quatre missions en tant que parachutiste, il avait été muté au CID et avait passé encore douze ans à traquer des soldats qui avaient commis des crimes violents. À présent, il était libre, véritablement libre. Libéré des ordres, de la guerre et de la pression. Libéré des réactions émotionnelles des victimes et de leurs familles. Libéré des erreurs potentielles aux répercussions colossales – la mauvaise personne arrêtée et un tueur dans la nature.

Mick avait un plan pour son avenir, au moins les six premiers mois, mais il était flexible, prêt à bifurquer au gré des circonstances. Aucun plan ne survivait au premier contact avec l'ennemi, même quand l'ennemi était la vie civile. Le projet qu'il avait autrefois imaginé pour sa retraite – ouvrir une entreprise de location de bateaux sur Cave Run Lake et la gérer avec sa femme – était tombé à l'eau. Désormais, Peggy vivait avec son nouveau mari et leur enfant. Les parents de Mick étaient morts depuis longtemps et la cabane où il avait grandi avait été réduite en cendres. Il rentrait chez lui dans un lieu qui n'était plus chez lui.

Il s'arrêta trois fois pour faire le plein et gagna Rocksalt en dix heures, sa hâte bridée par le vieux pick-up. Après deux ans d'absence, la ville semblait inchangée – peu de voitures, aucun piéton, les feux de circulation clignotant de part et d'autre des intersections. Il roula droit jusqu'à la maison de sa sœur. Prévenir de son arrivée n'était pas dans ses habitudes, ce qui avait pu poser problème avec son supérieur, son ex-femme et sa sœur. Il avait grandi sans téléphone et n'avait pas embrassé l'usage généralisé des portables. Le sien se trouvait dans la boîte à gants, éteint. Arriver à l'improviste avait ses avantages, surtout lorsqu'il s'agissait de conduire en détention un jeune homme formé à tuer. Il n'avait plus besoin de penser ainsi, mais ces réflexes étaient profondément ancrés en lui, à l'instar de la vigilance envers tout objet douteux au bord de la route, un véhicule qui le suivait trop longtemps ou le mouvement d'une silhouette furtive dans l'ombre. La persistance de ces automatismes lui avait sauvé la vie dans des zones de guerre. Mais il comprenait qu'elle avait sérieusement ébranlé son mariage et il se demanda s'il était capable d'avoir une relation sérieuse. Ni lui ni sa sœur n'avaient jamais été très doués pour ça.

Linda habitait la maison de leur mère au bout de Lyons Avenue. La maison était mieux entretenue qu'à sa dernière visite deux ans plus tôt, fraîchement repeinte avec des gouttières et des descentes refaites à neuf. Le soleil couchant scintillait sur le toit avec un éclat régulier qui suggérait de nouveaux bardeaux. Peut-être qu'elle avait eu droit à une revalorisation après avoir remporté les élections de shérif. Il alla à la porte latérale, mais sa clé n'ouvrait pas. Il essaya l'entrée principale, réservée aux prédicateurs, aux politiciens et aux enfants à Halloween. Nouvel échec. Il revérifia les deux portes, puis utilisa une lampe stylo pour étudier les serrures. Elles étaient flambant neuves.

Il roula jusqu'au bureau du shérif et se gara à côté du 4 x 4 de service de sa sœur. La main sur la poignée de la portière, il hésita. Aveuglé par ses œillères militaires, il avait négligé un détail au potentiel négatif. Deux ans plus tôt, il avait passé sa dernière nuit dans le comté d'Eldridge avec Sandra Caldwell, l'opératrice du central au bureau du shérif. Il se demanda si elle lui en voulait pour son départ soudain et l'absence de contact qui s'était ensuivie. La perspective de la revoir l'effrayait davantage que d'arriver devant une barricade très vraisemblablement piégée à l'entrée d'un village afghan.

Il envisagea d'appeler le bureau pour voir si elle répondait, ou de contacter sa sœur directement pour lui demander de sortir. Les deux options puaient la lâcheté, ce qu'il ne pouvait tolérer. Sandra était sans doute mariée à présent, ou, avec un peu de chance, elle avait démissionné. Il descendit du pick-up et alla à la porte, qui était fermée à clé. Il éprouva un bref soulagement que l'équipe soit partie. Il frappa au carreau jusqu'à ce que sa sœur émerge pour le laisser entrer.

— Nom d'un canard boiteux, dit Linda. Regardez qui voilà.

— Salut frangine.

— Je t'ai vu dans ton pick-up. Tu rassemblais ton courage pour venir, je parie.

— Quelque chose comme ça.

— Peur d'assumer les conséquences de ce que tu as fait à Sandra ?

— Qu'est-ce que tu sais là-dessus ?

— Tu laisses ton pick-up devant sa maison la nuit, toute la ville est au courant. Deux ans, c'est rien dans le comté d'Eldridge. C'est comme deux minutes partout ailleurs.

— Elle est fâchée ?

Linda rit, une rareté, et le conduisit à son bureau. Il était aussi spartiate qu'à l'accoutumée – drapeaux des États-Unis et du Kentucky, photo du gouverneur, armoire de classement et fauteuil visiteur. Le mur était orné d'éléments nouveaux – une distinction honorifique au rang de Colonel du Kentucky, une récompense de l'État pour actes méritoires et une décoration spéciale du FBI.

— Deux ans, dit-elle. T'as pas beaucoup changé.

— Toi, t'as perdu du poids.

— Un peu. J'ai acheté deux uniformes censés souligner mon port vertical – va savoir ce que ça veut dire.

— Eh ben, ça marche.

— Ouais, si j'enfile pas le gilet pare-balles.

Ils restèrent là à se dévisager, pas tant pour s'évaluer que par volonté d'acceptation. Chacun était la seule famille que l'autre avait. Malgré leurs différences – nombreuses et extrêmes – ils étaient loyaux à la manière des collines.

— Je suis passé chez toi, dit-il. Les clés ne marchaient pas.

— J'ai changé les serrures.

— Celles de maman ont fini par rendre l'âme ?

— Non, elles fonctionnaient.

— Quelqu'un te cherchait des noises par rapport à ton travail ?

— C'est pas tes oignons. Rien à voir avec le travail.

— Mauvais choix d'homme ?

— Comme d'hab.

Elle se déplaça sur son fauteuil et contempla un petit érable par la fenêtre. Rien ne se passait dehors. L'humidité chargeait les feuilles d'un poids qui les faisait fléchir. Mick comprit que le sujet était clos.

— Merci de t'être occupée de mon pick-up, dit-il.

— Je pensais te voir quand tu viendrais le récupérer.

— J'ai pas pu m'absenter. C'est pour ça que j'ai embauché Albin pour qu'il me le rapporte à la base. Ça m'a coûté une jolie somme.

— Albin est impliqué dans une affaire de meurtre.

— Albin ? Ce gamin frapperait même pas un serpent.

— Il n'est pas suspect. Il a un alibi en béton. Il participait à une course de stock-car au circuit de Bluestone. Plusieurs centaines de témoins.

— Il a fini combientième ?

— Deuxième. Johnny Boy dit qu'il aurait gagné si Pete Lowe avait été au stand.

— Connais pas.

— T'en auras pas l'occasion. C'est lui, la victime. Quelqu'un l'a abattu dans son jardin. Sa fille l'a trouvé.

— Bon, je suis pas en service. Mais si j'étais toi, je regarderais du côté de la famille et des amis. Puis de toutes les femmes avec qui il a eu des rapports.

— Ouaip, ensuite les voisins.

Mick acquiesça.

— Tu t'améliores en shérif, dit-il. Une vraie Nancy Drew.

— Quand est-ce que tu dois y retourner ?

— Jamais. J'ai raccroché.

— Je te crois pas.

— Si si. Fini. Retraité. Désengagé. C'est un processus compliqué avec tout un tas d'étapes. Là, je suis dans une période que l'armée appelle “transition vers la vie civile”. Censée être difficile.

Linda s'enfonça dans son fauteuil, le fit pivoter d'un côté, cala ses pieds par terre puis pivota dans l'autre sens. Elle avait un grand sourire à la fin de la rotation, comme si le mouvement avait effacé les années. Mick n'avait plus vu son côté joyeux depuis longtemps. Ça valait le voyage.

— Punaise ! dit-elle. C'est passé vite, ces vingt ans. T'es là pour de bon ?

— J'aimerais rester chez toi quelques jours, si ça t'embête pas.

— OK.

— Ensuite je m'installe en France. J'ai un bail de six mois.

— Quoi ? Pourquoi la France ?

— Je parle suffisamment la langue pour les trucs de base. Je peux pas discuter avec un banquier ni comprendre un mot au téléphone, mais je peux commander à manger et faire des courses.

— Ils parlent anglais ?

— Ils disent que non, mais beaucoup de gens se débrouillent. Quand ils entendent mon accent pourri, ils passent à l'anglais.

— Est-ce qu'ils parlent comme Pépé le putois ?

— Ben ouais. Tout le pays est rempli de putois de dessin animé. Tu sais ce que j'ai jamais compris ? Pourquoi un putois français a un prénom espagnol.

— On dirait que tu vas avoir plein de temps pour élucider ce mystère.

Mick acquiesça. Ça lui avait manqué de parler à sa sœur, à quelqu'un qui le connaissait bien. Les autres étaient morts ou ne faisaient plus partie de sa vie. Dans les collines, on avait vu de nombreux précédents de frères et sœurs qui vivaient ensemble dans la maison de famille, mais ça ne lui conviendrait pas – ni à elle. Tous deux étaient trop arrêtés sur leurs façons de faire. Néanmoins, sa présence pourrait éviter qu'elle change les serrures pour tenir un homme à l'écart de sa maison. Mais ça ne le regardait pas.

— Sérieusement, dit-elle. Pourquoi t'es là ?

— Pour te dire au revoir, frangine.

— Rien d'autre ?

— Je vais mettre mon pick-up en gardiennage quelque part pour qu'il ne soit plus devant chez toi. Il risque de pas aller avec tes nouvelles serrures.

Linda attrapa une feuille de papier sur son bureau, la roula rapidement en boule et la lui lança dessus. Mick pencha la tête, et elle fusa par-dessus son épaule.

— À une époque, dit-il, tu m'aurais envoyé un presse-papier.

— Bah ouais, le temps nous affecte tous différemment. On mûrit.

— Je te connaissais pas si philosophe.

— C'est le boulot, ça. Avant, je pensais que tout était simple, noir et blanc, légal et illégal. Maintenant c'est beaucoup plus compliqué. Qu'est-ce que la loi, qu'est-ce que la justice, qu'est-ce qui est le mieux pour la communauté. Parfois ça se chevauche, mais pas assez souvent.

Mick hocha la tête. Ces deux ans étaient la plus longue période pendant laquelle il n'avait pas vu sa sœur. Il se demanda si ça avait été un moment charnière pour elle. Quand le changement advenait, c'était progressif. Puis les résultats apparaissaient d'un coup, comme le succès du jour au lendemain d'un musicien qui tourne depuis quinze ans.

Mick désigna les certificats encadrés au mur.

— C'est quoi tout ça ?

— Les conneries habituelles.

— Alors pourquoi les afficher ?

— La politique, grand frère. On sait jamais qui peut se pointer ici.

— Tu apprends.

— Ouais, à la dure. Je me suis fait des ennemis, aussi.

— Tant que tes amis ont plus de niaque que tes ennemis, tout va bien.

— Parfois j'ai du mal à voir qui est qui.

— C'est comme avec l'écran magique. Tu te souviens ? Tu le retournes, tu le secoues et le dessin s'efface. C'est ça, la politique.

Linda tira un jeu de clés de son sac, en sortit une et la fit glisser sur le bureau.

— Je te retrouve là-bas tout à l'heure. Faut que j'attende l'opératrice de nuit et que je règle de la paperasse. Y a un demi-sandwich dans le frigo.

— Peut-être que je vais manger avec Johnny Boy.

— Il est au circuit de Bluestone pour parler avec des gens qui connaissaient la victime. C'est soir de course et ils y seront tous. Plus facile que de sillonner quatre comtés différents pour les retrouver un par un.

Il prit la clé.

— Merci.

— Tu touches pas à mes affaires.

Il acquiesça, sourit et s'en alla.

3

Comme la plupart des garçons de l'est du Kentucky, Johnny Boy Tolliver avait été féru de courses de stock-car dans son enfance, baignant dans les récits de puissantes cylindrées. Avec ses camarades d'école, ils dessinaient leurs futures voitures en choisissant des thèmes de couleur personnalisés. L'apprentissage de la conduite à l'âge de quinze ans avait marqué un tournant. Il était prudent au volant, impressionné par la responsabilité des pieds, des mains et des yeux travaillant ensemble à faire fonctionner une machine dangereuse. Il avait eu trois accidents mineurs avec deux fossés et un arbre. Au lieu d'être enhardi par l'expérience, il avait redoublé de prudence. Il n'avait plus jamais eu d'accident.

À l'âge de dix-sept ans, il s'était rendu au circuit de Bluestone parce qu'une fille pour qui il en pinçait y allait aussi. Les voitures roulaient sur un ovale en terre battue, rugissant sur les lignes droites et emplissant l'air de poussière. Le mélange de bruit et de terre irritait Johnny Boy, sentiment aggravé par une immense déception : la fille était là pour un pilote dont la voiture avait quitté la course avec un moteur en rade. Elle était allée direct au stand et Johnny Boy direct chez lui.

Il n'était pas retourné à Bluestone jusqu'à ce jour et ça n'avait pas beaucoup changé. Les gens mangeaient toujours des hot-dogs, buvaient des Coca infusés au bourbon et fumaient des cigarettes de la main gauche sur le parking. Des jeunes débraillés reluquaient des femmes sexy pendues aux bras de gros durs plus âgés. Le bruit et la poussière envahissaient tout. Il avait déjà envie de partir et il n'avait parlé qu'à quelques personnes qui avaient connu le défunt.

Pete Lowe était considéré comme le meilleur mécanicien du circuit, un homme peu commode qui avait empiré après la mort de sa femme. Il avait travaillé pour de nombreux garages dans trois comtés différents – Eldridge, Fleming et Bath – mais finissait toujours par se fâcher pour une broutille et démissionner. Personne n'avait jamais renvoyé Pete Lowe. Ses talents avec un moteur étaient quasiment surnaturels, comme s'il avait accès à un niveau de compréhension éthéré qui échappait à tous les autres. Il était capable de diagnostiquer un problème après avoir écouté un moteur cinq secondes. Il lui suffisait de renifler un carburateur pour déterminer le réglage exact de l'injection. Il avait un ongle de pouce taillé en pointe qu'il utilisait pour calibrer à la perfection les bougies d'allumage. En matière de moteur, il était affûté comme une ronce. Tout le monde le voulait sur son stand.

Johnny Boy en avait assez d'entendre parler de lui. Le vieil adage "ne dis pas de mal des morts" pesait lourd dans les collines. On pouvait être en train de vouer quelqu'un aux gémonies, mais à l'instant où il cassait sa pipe, on passait immédiatement à des éloges intarissables, comme si un apôtre était mort. Le pire commentaire que Johnny Boy avait entendu sur Pete était venu d'un homme corpulent à la voix grave : "Pete, c'est Pete." Johnny Boy perdait son temps et avait le moral en berne. Il se souvenait du râteau qu'il avait pris à l'époque. Cette femme avait aujourd'hui quatre enfants et un troisième mari. Si elle avait épousé Johnny Boy, ils seraient encore ensemble et il serait heureux. Tout le dégoûtait – l'intérêt ridicule pour des voitures qui tournaient en rond pour aller nulle part, la poussière et le bruit et les spectateurs ivres, son passé et, par-dessus tout, lui-même. Il s'en alla et prit la route de Rocksalt, roulant dix kilomètres en dessous de la limite autorisée.

L'Interstate était bien plus rapide, mais il opta pour l'Old 60 en l'honneur d'un camarade de classe qui avait participé à trois courses. Enfant, Chad adorait les Mustang et les privilégiait malgré leur absence de reprise dans les moments cruciaux. Il avait peint sa voiture de la même couleur qu'il l'avait dessinée à l'école, avec le numéro huit dans un cercle bleu. Johnny Boy l'entendait encore dire que le huit était son chiffre préféré, parce que si on le retournait, il devenait le signe de l'infini, et que toutes les voitures de course terminaient un jour ou l'autre sur le flanc. Chad ne prenait jamais l'Interstate parce que, comme il disait, il était un homme de l'ovale, pas un pilote de dragster. Il préférait l'Old 60 pour les virages. Une nuit, quelqu'un avait signalé un accident et la police avait trouvé la voiture aisément. Ils avaient cherché Chad toute la nuit, puis avaient inspecté les maisons alentour, imaginant qu'il s'était blessé et qu'il errait dans les parages. La brume matinale s'était levée et la police avait découvert son corps dans un arbre, éjecté de la voiture.

Johnny Boy savait qu'il était trop jeune pour ressasser le passé. Les gens des collines mouraient souvent plus tôt que les autres. À l'âge de trente ans, tout le monde connaissait plusieurs personnes au cimetière. Il songea que c'était pour ça que les gens des collines vénéraient les morts. Ils étaient très nombreux pour une si petite population.

À une intersection, il s'arrêta faire le plein à la station 24/24 qui avait mis une entreprise familiale sur la paille. Il chassa cette réflexion – le passé, toujours. Ça ne rimait à rien de déplorer la perte d'une station-service en enfonçant le pistolet d'une pompe dans son réservoir. Pour se remonter le moral, il entra acheter une bouteille de Dr Pepper. Une petite femme souple et agile se tenait derrière la caisse. Toutes les parties visibles de son corps étaient tatouées, à l'exception de son visage, et Johnny Boy songea que plus on était petit, moins ça coûtait cher de couvrir toute sa peau. Un grand costaud aurait besoin d'un deuxième emploi pour assumer ses frais de tatoueur.

Dehors, il régla son plein à la caisse automatique tout en avisant un vieux Jeep Wagoneer qui roulait jusqu'à la dernière pompe. Un homme en sortit, regarda autour de lui comme s'il cherchait un chat égaré et avança dans la lumière de la lampe LED au-dessus des pompes. Il avait une barbe et les cheveux longs, une combinaison inhabituelle dans les collines, passée de mode. Les jeunes remettaient la barbe au goût du jour mais portaient les cheveux courts, imitant les coupes vues à la télé. L'homme n'avait pas l'air assez vieux pour être un ancien hippie figé dans le passé.

Johnny Boy démarra et passa devant lui. Il lui jeta d'abord un bref regard, puis ralentit pour le dévisager plus longuement. L'homme leva la tête et Johnny Boy l'étudia. Quelque chose chez lui était familier. Ça ne venait pas d'une arrestation ou d'un avis de recherche. Ça pouvait n'être qu'une simple ressemblance de famille avec des gens que Johnny Boy fréquentait au quotidien. Mais la sensation lui raclait l'arrière du crâne comme un rat dans un silo à maïs. C'étaient les yeux, songea-t-il. C'étaient forcément les yeux, parce que le reste n'était pas très visible. Pas la couleur, mais la structure osseuse, les arcades sourcilières et les pommettes. Il connaissait ces traits. Il regretta de ne pas avoir relevé la plaque d'immatriculation.

Rocksalt était une ville universitaire, ce qui impliquait la présence de centaines de locations bas de gamme, de petites maisons pour les professeurs en début de carrière, et de quelques rues avec des demeures plus cossues pour les docteurs, les avocats et les dirigeants de l'université. Johnny Boy habitait un quatre pièces dans un des rares immeubles destinés aux adultes actifs. Il avait épargné pour acheter une maison, mais ne savait pas où il voulait vivre. Il se disait que sa future épouse influencerait la décision, mais il ne s'était pas marié, n'avait pas de copine et son dernier rencard remontait à trois ans en arrière.

Il s'assit dans son fauteuil préféré – son seul fauteuil – et se demanda s'il était dépressif. Il conclut que se poser la question signifiait qu'il ne l'était pas. Les vrais dépressifs restaient immobiles, dormaient ou nageaient dans le brouillard. Ces vingt dernières années, l'espérance de vie moyenne des gens des collines avait diminué et il se demanda si cela avançait la crise de la cinquantaine. Il avait vingt-six ans. Peut-être que c'étaient les signes avant-coureurs – le dégoût de soi, l'apathie d'une vie insignifiante, les réminiscences chroniques. Il était las du confort de la routine. Quelque chose devait changer, mais il ne voyait pas du tout quoi. Il aimait son métier et n'avait envie de vivre nulle part ailleurs. Que restait-il d'autre ?

4

TOUJOURS réglé sur l'heure militaire, Mick se réveilla juste avant l'aube et décida de préparer le petit déjeuner pour sa sœur avant qu'elle parte travailler. Il resta un instant allongé dans son lit à contempler la chambre dans laquelle il avait dormi jusqu'à l'âge de huit ans, quand il était parti vivre avec son grand-père dans les bois. Sa mère s'était consacrée à sa fille mais Linda avait quitté la maison à l'âge de dix-huit ans pour un minuscule appartement, un emploi et des études à l'université de Rocksalt. Sa mère s'était progressivement renfermée, quittant rarement la maison, obsédée par le temps et la météo. Elle avait plus de quarante pendules et des dizaines de calendriers chez elle. Un thermomètre était visible à chaque fenêtre. Sa grande télé était allumée en permanence sur une chaîne météo. Elle était morte en regardant une coulée de boue en Birmanie. Linda avait hérité de la maison.

Il lança un café et s'attela à une des quelques recettes rudimentaires que lui avait transmises son grand-père – œufs, bacon, pommes de terre et toasts. Au fil des années, il avait ajouté les omelettes et les œufs pochés à son répertoire, mais il s'en tint aujourd'hui à la formule classique des œufs au plat.

Il entendit la porte de la salle de bains se fermer et ajouta des oignons hachés aux pommes de terre. Quelques minutes plus tard, Linda entra dans la cuisine avec un grognement amical et se servit une tasse de café. Alors que Mick se réveillait toujours comme un chien de chasse prêt à bondir, Linda fonctionnait sur un rythme plus lent. Il lui prépara une assiette et ils mangèrent en silence. Après sa deuxième tasse de café, elle avait suffisamment émergé pour parler.

— T'as vraiment raccroché ? Pour de bon ?

— Ouais.

— Pourquoi ?

— J'ai tiré mes vingt ans. Je peux vivre de ma pension. Il y a des milliers de nouvelles recrues chaque année. Elles ont toujours le même âge, mais moi je vieillis.

— Je vois que t'as tout compris au concept de temps. C'est un jour spécial, tu devrais le marquer dans le calendrier, si t'arrives à en trouver un ici.

Elle eut un sourire, le premier de la journée – et sans doute le dernier, pensa Mick.

— T'as parlé à Peggy ? dit-il.

— Ne me mets pas au milieu. Maman a essayé de me faire jouer les intermédiaires avec papa, puis avec toi. Je voulais pas à l'époque et je veux pas plus maintenant. Si tu veux lui parler, passe-lui un coup de fil.

— Elle est toujours avec ce type ?

— Ouais, ils ont eu un autre enfant. Et j'en ai fini sur ce sujet.

Linda termina son café et alla dans sa chambre. Mick rangea la cuisine. Elle revint avec son uniforme et son ceinturon, les cheveux rassemblés en un chignon impeccable. Elle avait ses clés de voiture dans une main et un gilet pare-balles dans l'autre.

— T'en portes toujours un ? dit Mick.

— En intervention, ouais. C'est censé arrêter toute arme de poing. Tu portais quoi, toi ?

— Plaques en céramique niveau 4. Protège des balles de fusil et du shrapnel. Un des trucs qui ne vont pas me manquer. Beaucoup trop chaud dans le désert pour ce genre de matos.

— Mais ça marche, par contre ?

— Moins de morts. Mais plus de soldats amputés ou blessés.

— C'est quoi ton programme pour la journée ? Rouler au hasard et broyer du noir ?

Il acquiesça. Elle le dévisagea et il comprit qu'elle attendait qu'il fournisse d'autres informations. C'était un vieux truc, qu'il avait utilisé des centaines de fois. C'était le signe qu'elle apprenait sur le tas ou qu'elle avait reçu une formation. Il pouvait jouer le jeu du silence, lancer un nouveau sujet ou simplement quitter la pièce. Il était en train de déterminer l'option qui l'énerverait le moins, quand elle reprit la parole.

— Merci pour le petit déjeuner, dit-elle avant de partir.

Il quitta la ville cap vers l'est et s'arrêta prendre de l'essence chez Haney's Bible et Pneus, une station tenue depuis trente ans par une famille de roux qui grisonnaient jeunes. Il en avait connu trois générations, qui portaient tous une variation de Joe comme prénom. Un homme brun d'une vingtaine d'années s'approcha du pick-up d'un pas nonchalant, une casquette de coopérative agricole vissée de travers et un manomètre accroché à la chemise.

— Nouveaux propriétaires ? demanda Mick.

— Nan. Tout le monde pense ça à cause de mes cheveux. Je suis Joey. Vos pneus ont l'air neufs. Vous voulez de l'essence ou une bible ?

— Mettez-moi le plein.

Mick coupa le moteur et observa Joey, incapable de se souvenir de la dernière fois où un pompiste avait rempli son réservoir. C'était un métier qui se perdait, comme ceux de réparateur de machine à écrire et de secrétaire sténodactylo. D'ici quarante ans, Joey raconterait des histoires du bon vieux temps avant que les voitures électriques aient forcé Haney's à mettre la clé sous la porte.

Mick paya en liquide et reprit la route, songeant aux probabilités d'avoir les cheveux bruns dans une famille de roux. Soit c'était un cas d'exogamie, soit un gène de cheveux noirs s'était enfin frayé un chemin sur le devant de la scène. Il médita son manque de connaissance sur la génétique en général, puis secoua la tête pour se vider l'esprit. Son départ de l'armée avait éliminé le besoin d'une pensée rigide, mais il n'aimait pas le fait que toutes sortes d'idées viennent combler ce vide. Ses élucubrations prenaient de drôles de tours. Sa mission du jour était de visiter la seule propriété qu'il possédait, léguée par son grand-père. Il voyait ça comme une sorte d'adieu, mais il ne savait pas très bien à quoi. À son grand-père, au passé ou à la terre qu'il aimait ? Peut-être à lui-même.

Le chemin remontait la colline pour gagner une crête si embroussaillée qu'il se gara pour finir à pied. C'était moins une route qu'une allée de terre d'un gros kilomètre où la végétation avait repoussé depuis qu'il l'avait fait dégager deux ans plus tôt. Chaque souche de liquidambar avait donné une douzaine d'arbustes, comme si, fâchée d'avoir été coupée, elle était déterminée à appeler du renfort. C'était le seul arbre que son grand-père n'aimait pas.

Au sommet de la colline, Mick se reposa un instant, admirant le petit plateau au bout de l'étroite crête ceinte d'épais fourrés. Un couple de geais bleus signala l'arrivée d'un intrus. Des oiseaux plus petits s'égaillèrent. Mick s'approcha des vestiges de la cabane où il avait grandi. Un incendie l'avait détruite deux ans plus tôt, laissant des ouvertures noires à la place des portes et des fenêtres, une cheminée de pierre et pas grand-chose d'autre. Le toit et le porche avaient brûlé. Seuls demeuraient les quatre murs, bâtis avec de lourdes planches encastrées. Ils avaient résisté à cent ans d'intempéries et un incendie. Il prit un bâton pour fouiller dans les débris, cherchant vaguement des vestiges de son passé – un caillou porte-bonheur, un crampon de rail, une cafetière. Il ne trouva rien. L'épaisse couche de cendres avait été tassée par la pluie. Un peuplier poussait dans le salon.

Il retourna à son pick-up et roula vers la ville. Un nouveau Dollar General et une station-service d'une grande enseigne étaient apparus à l'emplacement de l'ancien cinéma drive-in. Il se gara, appela sa sœur sur son portable et lui demanda si elle était au bureau.

— Négatif, dit Linda. Je suis en pleine cambrousse pour parler aux voisins de Pete Lowe. Y en a pas des masses et ils sont éparpillés tout autour.

— Et Johnny Boy ? Il y est ?

— Non, il est toujours en train de courir après l'écurie de stock-car pour laquelle bossait Pete. Il a parlé avec Albin, qui a demandé de tes nouvelles. Apparemment, il sait que t'es dans le coin.

— Comment c'est possible ? Ça fait même pas douze heures.

— Tu oublies comment est Rocksalt. Tu éternues en ville et les postillons arrivent à la maison avant toi.

— Tu la tiens de Papaw, celle-là.

— Celle-là et quelques autres.

— J'étais à la cabane. Enfin, ce qu'il en reste.

— L'idéal pour un bon coup de déprime. Peut-être que tu devrais t'engager dans l'armée ou un truc comme ça. Trouver un sens à ta vie.

Mick acquiesça.

— Tu hoches la tête, hein ? Pourquoi tu veux savoir où on est, moi et Johnny Boy ? Laisse-moi deviner. L'étape d'après, c'est de rendre visite à Sandra, et tu veux t'assurer qu'elle est seule au bureau.

Mick acquiesça.

— Hoche la tête tant que tu veux. Ce sera le même topo qu'à la cabane, sauf que tu seras triste et que tu devras lui parler. À plus.

Elle raccrocha et Mick contempla son téléphone. Linda avait raison sur tous les points. La futilité de son plan allait alimenter sa mélancolie. Il roula jusqu'au bureau du shérif, prit son courage à deux mains et sortit du pick-up. Sandra quitta les locaux et ferma à clé derrière elle. Momentanément perturbé, il se força à avancer, comme s'il se rendait à l'appel matinal après une nuit de beuverie. Elle avait le regard vide.

— Salut Sandra.
— Salut Mick.
Il jeta un regard aux collines à l'est. La limite des arbres dessinait une zébrure sombre dans le ciel pâle. À l'autre bout du parking, il entendit le brouhaha guttural d'hommes qui parlaient, puis un rire qui s'effilocha.
— J'aurais dû laisser un mot, dit-il.
— Un mot ?
— Ouais. Quand je suis euh… parti de chez toi.
— Il y a deux ans ?
Il acquiesça.
— Tu t'inquiètes à cause d'un mot ?
— Oui. Ça serait correct. Aurait été, plutôt.
— Tu as disparu. Linda ne savait pas où tu étais. Personne savait.
— Mon vol décollait de Detroit. J'ai dû aller là-bas, prendre une chambre et partir le lendemain.
— Un coup de fil ou un message aurait pas été de trop.
— Tu as raison. Je n'y ai pas pensé. Detroit, c'était compliqué. Ensuite, je suis rentré à la base en Allemagne. J'imaginais que tu voudrais plus avoir de mes nouvelles.
— T'as mal imaginé.
— C'est généralement le cas avec les femmes. Je te l'ai dit.
— Ce que tu m'as dit, c'est que ton grand-père ne t'a rien appris sur les femmes à part être gentil, écouter et porter les choses lourdes.
Mick fut surpris par sa mémoire. Cela venait d'une brève conversation dans son pick-up à leur premier rendez-vous. Ça avait été une erreur, comme de venir maintenant. Tout ce qu'il avait fait en tant que civil était

une erreur. Il n'excellait qu'à l'armée, à suivre des ordres, assigné à une mission spécifique.

— Eh bien, je suis désolé.

Il pivota sur ses talons pour s'en aller. Il avait la main sur la poignée du pick-up lorsqu'elle l'interpella.

— Mick. T'as faim ? J'allais déjeuner.

— Un peu tôt pour moi.

— Jamais trop tôt pour des tacos. Viens, je t'emmène. C'est un nouvel endroit. Ça va te plaire.

— Tu peux t'absenter ?

— Ouais, j'ai deux portables maintenant. Tous les appels au bureau sont transférés. L'autre téléphone, c'est le mien, avec le numéro que tu as apparemment perdu.

Il grimpa sur le siège passager de sa voiture, de plus en plus déboussolé par leur échange. Il n'avait pas faim, mais il n'avait jamais été capable de dire non à une femme, une autre leçon de son grand-père. Son ex-femme l'avait compris mais lui demandait rarement quoi que ce soit. Et puis elle avait demandé le divorce.

— Comment va ton oncle ? questionna-t-il.

— Il est décédé.

— Désolé de l'apprendre. Récemment ?

Elle lui lança un regard dur.

— Au cours des deux dernières années.

Préférant éviter un nouveau faux pas, il garda le silence tandis qu'ils traversaient la ville. Quelques personnes étaient attablées devant l'ancien cinéma reconverti en café-librairie. Deux portes plus loin, il y avait un bar à l'emplacement de l'ancienne brocante tenue par un personnage haut en couleur dont la légende disait qu'il enfermait ses clients jusqu'à ce qu'ils achètent quelque chose.

À sa mort, il était l'homme le plus riche de la ville. Sa tombe disposait d'une boîte aux lettres pour recevoir les paiements en souffrance.

Sandra roula jusqu'à un terrain vague où un véhicule peint en couleurs vives, moitié van, moitié pick-up, annonçait : ROCKIN' TACOS. Quatre tables de pique-nique étaient installées à côté. Sandra se gara et Mick la suivit jusqu'au food-truck. Une grande fenêtre était surmontée d'un pare-soleil pour abriter un comptoir où étaient disposés des serviettes et des condiments.

— Salut, Ray-Ray, dit-elle. Vous êtes ouverts ?

Une tête en forme d'obus apparut à la fenêtre. Raymond Kissick adressa un grand sourire à Sandra, puis changea d'expression en avisant Mick. Les deux hommes se toisèrent sans parler. Raymond était un marine récemment revenu au comté d'Eldridge. La dernière fois que Mick l'avait vu, c'était dans le cadre d'une mission illégale pour venger les frères de Raymond. Mick n'en avait jamais parlé à personne et supposait qu'il en allait de même pour Raymond.

Une voix à l'accent de l'autre côté de la frontière sud des États-Unis lança depuis le camion :

— On n'est pas encore prêts, Reymundo !

— C'est Sandy.

Une succession de bruits émana du véhicule, des casseroles et des couverts qui s'entrechoquaient, puis une porte claqua et un homme émergea. Petit et agile, il avait des cheveux noirs brillants coupés court et sculptés au rasoir sur le côté. Il serra Sandra dans ses bras, l'embrassa sur la joue et se tourna vers Mick.

— Qui c'est, celui-là, Sandra ? *¿Un amante ?* Ton nouveau copain ?

— Non, dit Sandra. Pas du tout.

— *Hola*, dit Mick. *¿Como estàs ?*

— *Estoy bien, gracias por preguntar. ¿Tienes hambre ? Cualquier cosa por Sandra.*

— *Casa. Cuchillo. Gato. Indoro.* C'est tout l'espagnol que je connais. Et des jurons. Je suis Mick.

Ils échangèrent une poignée de main grave.

— Je suis Juan Carlos. Tu es un ami de Raymond. Il m'a parlé de toi. *El soldado*.

— Plus maintenant. J'ai raccroché.

— Ah, tu n'as plus de chez toi.

Raymond était descendu du camion et marchait sur le gravier.

— Comment va ta mère ? demanda Mick.

— Mieux. C'est toujours dur, mais elle adore J.C.

— Oui, dit Juan Carlos. Mama Shifty m'aime plus que toi.

Il retourna au food-truck. Mick regarda une vieille voiture avancer au pas, le pare-chocs rafistolé au fil de fer. Raymond et Sandra étaient amis au lycée et s'étaient retrouvés quand il était rentré après vingt-cinq ans chez les marines.

— T'as vraiment raccroché ? dit Raymond.

Mick acquiesça.

— Ça te manque déjà ?

— Non, mais ce matin j'ai pensé à me rengager.

— Le camp d'entraînement à quarante ans, dit Raymond.

Il rit, un son perçant dans l'air immobile.

Ils s'installèrent à une table, Mick et Raymond se mettant instinctivement face à la route. Trois bruants les étudiaient depuis un érable. À l'autre bout du parking, un chat tigré observait les oiseaux. Un pick-up passa et klaxonna. Raymond agita la main.

— Tu te fonds bien dans le décor, dit Mick.

— Ce gars me cognait dessus au lycée. Maintenant il a peur.

— Comment s'en sort Juan Carlos ici ?

— Ils aiment sa cuisine, mais ils savent pas quoi penser de lui.

— Parce qu'il est gay ou mexicain ? Ou les deux ?

— Parce qu'il est catholique, surtout.

— Moi je l'aime bien, dit Sandra. Tout le monde lui mange dans la main à Rocksalt. Littéralement.

Juan Carlos apporta avec dextérité des assiettes en carton contenant des tacos, des haricots, du riz et du guacamole. Ils mangèrent en silence. Tandis que le soleil s'élevait au-dessus de la colline, l'ombre reflua vers l'est comme une ligne d'écume à marée basse. Mick termina un taco et attaqua le second.

— Tu en veux deux de plus ? demanda Juan Carlos.

— Oui et non, dit Mick. Je pourrais en manger encore six, mais je vais m'abstenir. C'est le fromage qui fait toute la différence.

Juan Carlos eut un air approbateur.

— Oui. C'est du queso Oaxaca. Traditionnel.

— Vous le trouvez où ? demanda Sandra. J'en ai jamais vu au IGA.

— Mexington, dit Juan Carlos.

— C'est un quartier de Lexington, dit Raymond. On y va une fois par semaine pour faire des réserves. C'est le seul magasin qui vend des tortillas de maïs. J.C. connaît les bons endroits pour faire les courses.

— Il y a un bar qu'on aime bien, dit Juan Carlos. Si on boit trop, on dort à l'hôtel. On passe toujours un super moment. Vous devriez venir, tous les deux.

— Non, dit Sandra.

Sa voix était ferme, sans trace de politesse.

Juan Carlos haussa un sourcil et sourit.

— On se croirait dans une telenovela. Vous allez vous rabibocher après la troisième pub. Elle est toujours longue, la troisième. T'es censé espérer que ça s'arrange pour les personnages pendant que la télé essaie de te vendre quelque chose.

Mick regarda son assiette. Il se demanda s'ils en étaient déjà à la première pub, s'il pouvait quitter le pays avant la troisième. Il secoua la tête pour se vider l'esprit. Il était rentré dans la métaphore de Juan Carlos, l'avait prise à la lettre et s'était projeté dans ses implications. En moins de vingt-quatre heures de vie civile, il partait déjà dans tous les sens.

Deux voitures arrivèrent dans le parking. Juan Carlos bondit de la table, fit le tour du food-truck et apparut à la fenêtre ouverte.

— Personne ne lui cherche des noises ? dit Mick.

— Pas quand je suis dans les parages, dit Raymond. T'es là combien de temps ?

— Deux trois jours.

— Paraît que tu vas t'installer en Europe, dit Sandra.

Mick acquiesça.

— Où ? demanda Raymond.

— En Corse.

Un nouveau véhicule entra dans le parking, puis un quatrième. Raymond se leva et rassembla les assiettes en carton, les fourchettes en plastique et les serviettes.

— Faut que j'aille gagner mon gîte et mon couvert.

— Je croyais que c'était l'inverse, dit Mick.

— Pas selon maman et J.C.

Il les laissa, adressant un signe machinal à une voiture, un bref mouvement latéral, le bras baissé, la main légèrement vers le haut. Mick n'avait pas vu ça depuis si longtemps qu'il l'avait oublié. C'était l'éternel salut de son grand-père, une marque de civilité qui n'appelait pas d'interaction.

— En Corse, dit Sandra. T'as une copine qui vit là-bas ?

— Je connais juste un type. Sebastien. Un soldat britannique qui y a pris sa retraite.

— Alors pourquoi y aller ?

— Ça me rappelle ici. Une belle région, des gens bien, un mode de vie à l'ancienne. Dans un pays étranger, c'est normal d'être un élément extérieur. Ici, je ne me sens jamais intégré, Sandra. En Corse, c'est pas un problème.

Sept personnes faisaient la queue devant le food-truck. Un van se gara et le conducteur en sortit. Raymond lui apporta une boîte en carton, encaissa le paiement et retourna au camion. Trois autres véhicules arrivèrent et la file s'allongea.

— Il commence à y avoir du monde, dit Sandra. Il va falloir libérer la table.

Mick se leva et ils marchèrent jusqu'à la voiture de Sandra.

— Ray-Ray va plutôt bien, dit-elle. Il a repris du poil de la bête quand Juan Carlos a emménagé ici.

— À quoi tu as vu ça ?

— Je le connais depuis un bail. Tu parles de pas se sentir intégré. Imagine être lui et venir de sa famille. Les gays ont la vie dure ici.

— Ils ont la vie dure partout.

Ils échangèrent un regard entendu. De nouveaux oiseaux s'étaient rassemblés dans les arbres, attendant des restes. Une corneille intrépide inspectait le sol avec circonspection, tel un éclaireur pour le reste du groupe. Quelqu'un rit, et elle alla se poser sur un platane.

— Il faut que j'y retourne, dit Sandra. Tu viens ?

— Nan, je vais aider Raymond.

Sandra ouvrit la portière, monta dans la voiture et démarra. Mick alla au food-truck et fit la plonge dans un espace exigu jusqu'à ce que l'affluence du déjeuner retombe. Deux fois, Juan Carlos lui rapporta des casseroles avec une minuscule tache de cartilage durci qu'il avait négligée. Une fois sa besogne terminée, il sortit, enleva sa chemise et l'étendit sur une des tables. Raymond le rejoignit.

— On se met à l'aise, je vois. T'as vite repris le pli local. La moitié des gars du coin trimballent une chemise dans leur voiture pour pouvoir entrer acheter des clopes dans une station-service.

— Tu peux me déposer ? Mon pick-up est au poste.

— Pas possible. On reste ici jusqu'à quatre heures, ensuite on s'installe en ville. Juste à temps pour les gens qui sortent du bureau et les étudiants. Je t'appelle un taxi.

Raymond retourna au camion. Mick regarda la corneille chasser trois merles d'Amérique d'un fragment déchiqueté de tortilla. La corneille termina la tortilla puis défila en cercle, comme si elle gardait la zone. Un merle attendait en périphérie. Mick comprenait les motivations des deux oiseaux. Ils pouvaient voler où bon leur chantait, mais, comme lui, ils revenaient toujours à un paysage familier.

Un taxi entra dans le parking et s'arrêta à sa hauteur.

— Mick, fit le chauffeur. Salut, vieux. C'est vous, ma course ? Super. Je vous emmène où vous voulez. J'ai entendu que vous étiez rentré.

Mick monta dans le taxi.

— Salut, Albin. Nouvelle bagnole ?

— Ouais. Ils ont embauché et je suis monté en grade. Vous avez devant vos yeux le chauffeur numéro un d'une flotte de trois.

— Emmène-moi au bureau du shérif.

Mick se prépara à la conduite sportive d'Albin, mais ce dernier parcourut les cinq kilomètres à la manière d'un homme qui a perdu ses lunettes. Ça aurait été plus rapide à pied.

— T'es sacrément prudent.

— Faut bien. Je peux plus prendre de risques maintenant que je cours à Bluestone. Je vous avais dit que j'y arriverais un jour.

— Dans mon souvenir, tu me prenais pour un agent.

— Ouais, ben en fait faut croire que j'avais pas besoin d'un agent, mais d'une voiture. J'ai fait deuxième la semaine dernière. On investit les gains dans la voiture, mais on peut garder son trophée. Le mien, je l'ai mis sur une étagère exprès. Vous voulez le voir ? J'ai une photo sur mon téléphone.

— Pas tant que t'es au volant. Ma sœur pourrait te convoquer pour conduite dangereuse.

Albin enleva son pied de l'accélérateur. La voiture décéléra immédiatement mais continua de tourner comme avec un régime de ralenti élevé. Un véhicule à transmission manuelle comme le pick-up de Mick aurait calé.

— Je plaisantais.

— On n'est jamais trop prudent. Surtout depuis que Johnny Boy m'a posé un millier de questions. Vous êtes au courant pour Pete ? Johnny Boy pense que c'est moi qui l'ai tué.

— Et c'est le cas ?

— Ah non ! Pete Lowe, c'est grâce à lui que j'ai si bien fini aux courses. Il a réglé cette beauté comme un violon et elle file comme une machine à coudre.

— Johnny Boy est un très bon officier, dit Mick.

— Il paraît. Mais il parle beaucoup.

— Toi aussi, Albin. J'aurais cru que t'aimerais parler à un type qui aime parler.

Ils arrivèrent au bureau du shérif et Albin se gara à côté du pick-up de Mick.

— Combien je te dois ?

— Rien si vous me rendez un service.

— Je préfère régler la course.

Il lui tendit un billet de dix dollars.

— C'est mon cousin, dit Albin. Il se fait expulser. Aujourd'hui, c'est le dernier jour où il peut rester là où il crèche. J'espérais que vous pourriez en toucher un mot à votre sœur.

— Il a pas payé le loyer ?

— C'est pas ça. C'est vachement pire.

— La banque ? On peut rien faire contre.

— Son père.

Johnny Boy sortit du bâtiment et s'avança vers la voiture d'Albin.

— Ça tombe, bien, je voulais te voir, dit-il. T'as qui avec toi ? Salut Mick, j'ai entendu que t'étais rentré. Ça roule ?

Mick acquiesça.

— Albin, dit Johnny Boy, t'as quatre oncles, c'est ça ?

— Cinq.

— Celui que je cherche, c'est Bill-Tom Reeder. Du côté de Crosscut Ridge.

— Non, il a déménagé à Redbird. Celui de Crosscut, c'est oncle Hank.

— Lequel a un fils qui s'appelle Roscoe ?

— C'est Bill-Tom.

— Eh ben, il veut que Roscoe quitte son domicile.

— Il paraît, oui. J'en parlais justement à Mick. Peut-être qu'il peut aider.

— Bonne idée. Viens, Mick. On prend ma voiture.

— T'as pas besoin de moi, dit Mick.

— Je pourrais. Ça peut être délicat, les expulsions.

— Et Linda ?

— Elle est partie interroger les voisins de Pete Lowe.

Mick se sentit pris entre deux feux. Les deux hommes voulaient son aide mais dans une direction différente. La chose intelligente serait de monter dans son pick-up et de rouler. Mais où ? Chez sa sœur, pour regarder la télé ? Il descendit du taxi et alla chercher son portable dans le pick-up. Il entendit Albin et Johnny Boy rire derrière lui. Il appela la compagnie aérienne pour réserver un vol plus tôt pour la Corse, mais aucun n'était disponible.

5

MICK et Johnny Boy traversaient Rocksalt, fondée dans l'espace le plus large entre les collines. Ancienne ville-étape du chemin de fer pour les industries extractives, elle accueillait aujourd'hui un hôpital et une université à ses deux extrémités. Johnny Boy ralentit devant une station-service pour étudier les clients.

— Tu cherches quelqu'un ? dit Mick.

— Oui et non. Je cherche mais je sais pas qui. J'ai vu une tête il y a quelques jours que j'ai cru reconnaître. Ça me taraude depuis.

— Deux endroits où tout le monde va : les stations-service et les drugstores. Les fast-foods et les laveries pour les gens de passage.

Johnny Boy prit un virage serré et roula au pas devant une petite structure blanche avec un écriteau annonçant :

LAVERIE À PIÈCES

BEAKER BUCKS ACCEPTÉS

Trois voitures étaient garées dans le parking. Une jeune femme apporta une caisse en plastique à sa voiture, la cala sur sa hanche et ouvrit la portière arrière. Johnny Boy plissa les yeux à travers la fenêtre, puis il secoua la tête.

— Pas bon. Que des plaques du comté d'Eldridge.

— C'est quoi, les *beaker bucks* ?

— Un système de paiement de la fac. Les distributeurs de boissons les prennent.

À l'ouest de la ville, ils passèrent devant une scierie familiale reconvertie en magasin de saucisses artisanales. Un vieux chien couché à l'ombre leva la tête au passage du pick-up, puis se rallongea sur ses pattes croisées.

— Il était gros pour un chien d'extérieur, dit Johnny Boy.

— Sans doute à cause des saucisses. Tu les as goûtées ?

— Je ne mange rien d'artisanal. Juste une excuse pour facturer plus cher. Tu sais qu'ils font des chips artisanales ? Ils sont censés frire une fournée à la fois. Et puis quoi ? Ils jettent l'huile ? Ils font même pas ça après une incinération. J'ai un pote qui bosse dans un crématorium. Il m'a raconté qu'ils nettoient pas la trémie entre deux corps. On te passe un sachet plein de cendres où y a ta grand-mère, plus tous ceux qu'ils ont brûlés dans la semaine.

— Peut-être que tu devrais ouvrit un crématorium artisanal.

Mick plaisantait, mais Johnny Boy médita plusieurs minutes, offrant un répit bienvenu dans la conversation.

— Non, dit-il. Je touche pas à la crémation. Pourrait y avoir des fantômes. C'est pour ça qu'ils sont gris, à cause des cendres.

Ils étaient hors de la ville à présent, ayant quitté la route principale pour une étroite route goudronnée avec un fossé de chaque côté.

— Du nouveau sur le mécano d'Albin ? dit Mick.

— Non. C'est un vrai casse-tête. Pete Lowe n'avait pas d'amis, mais pas d'ennemis non plus. Linda en a encore pour au moins deux jours à parler aux voisins.

— Pourquoi ça prend si longtemps ?

— Ils sont tous sur des routes difficiles, en haut des collines, au fond des vallons. Ça prend un bout de temps pour rejoindre chaque maison. Ensuite faut rejoindre la route principale, trouver le prochain embranchement et recommencer. Parfois ils sont pas chez eux. S'il pleut, faut attendre que le niveau de la rivière redescende pour traverser. Il a plu hier soir.

Johnny Boy ralentit pour bifurquer vers une route de terre à flanc de colline. Ils dépassèrent deux mobile homes et une grange en ruine. Le cercle en brique d'une pompe en surface était couvert par un vieux réfrigérateur sans porte. Mick sourit devant cet exemple de système D typique de la culture des collines.

— Alors, dans quoi on met les pieds ? dit-il.

— Expulsion. J'en sais pas plus.

— T'as les papiers ?

— C'est un truc de famille. Pas de loyer, pas de bail. Linda veut que je voie ce qui se passe et que j'évite les ennuis.

Mick songea à la requête d'Albin d'intercéder en sa faveur. Il espérait qu'il ne s'agissait pas d'un jeune qui dealait chez ses parents. La route contournait un grand chêne et Johnny Boy se gara. Ils marchèrent le long d'un chemin de terre et passèrent devant une petite structure bien construite avec une fenêtre grillagée, un toit en tôle verte et deux marches à l'entrée.

Au bout du chemin, il y avait une autre maison. Un Ford Bronco était garé à l'ombre d'un grand érable, le capot relevé. La porte s'ouvrit sur un homme d'une cinquantaine d'années. Il portait un jean, des bottes et une chemise de travail en coton aux manches retroussées.

— Monsieur Reeder ? dit Johnny Boy.

— Soi-même. Vous êtes de la police ?

Johnny Boy désigna son véhicule en haut de la colline.

— Ouaip. Adjoint au shérif.

— J'y vois pas aussi loin sans lunettes. J'en ai pas besoin dans la maison. Je les perds.

— Ma tante les attache avec un cordon autour du cou.

— J'ai essayé avec un lacet. Ça tombe dans mes œufs. Je mange des œufs tous les jours. Enfin, ça c'était avant. C'est pour ça que je vous ai appelés.

— À cause des œufs ? dit Johnny Boy.

— À cause de mon fils qui vit dans le poulailler.

Il désigna la structure bien construite. Johnny Boy la regarda une minute entière avant de parler.

— C'est le plus beau poulailler que j'aie jamais vu.

— Roscoe a dit pareil. Je veux qu'il dégage.

— Il est dedans en ce moment ?

— Ouaip, lui et sa femme.

— Ils habitent ici ?

— Eh oui. Ils ont relâché mes poules et elles sont toutes mortes, jusqu'à la dernière.

— Votre fils les a tuées ?

— Non, il ferait pas de mal à une mouche. Trop fainéant pour chasser une abeille. Le chien du voisin en a bouffé quelques-unes. Rebelote avec les renards et les chouettes la nuit. J'ai vu une buse en emporter une ici.

M. Reeder indiqua un point quelconque dans son jardin et inclina la tête comme s'il honorait un site historique majeur.

— Quelqu'un vit avec vous, monsieur Reeder ?

— Non. Ma femme est partie avec un plombier du comté de Carter il y a quatre ans. J'avais une copine le mois dernier mais je sais pas, je sais juste pas.

— Qu'est-ce que vous savez pas ?

— Où elle est.

Mick regarda un passerin indigo tracer une ligne bleue dans l'air jusqu'à une branche basse avant d'émettre son cri jovial. C'était un aspect de Johnny Boy qu'il n'avait jamais vu, la raison pour laquelle il faisait un bon adjoint. Linda aurait été frustrée à ce stade. Johnny Boy commençait juste à s'échauffer.

— Eh bien, reprit ce dernier, on dirait que la solution est simple. Proposez à votre fils de s'installer avec vous.

— Déjà essayé. Y veut rien savoir.

— Est-ce qu'il trafique quelque chose qu'il veut pas que vous sachiez ?

— Quoi par exemple ? Il fout rien de ses journées.

— Je dis pas que c'est le cas de votre fils. Mais y en a qui fabriquent de la meth et qui la vendent.

— Si seulement. En l'état, il vaut pas deux écrevisses. Mon frère m'a dit que j'aurais dû le dresser comme un chien, le vendre et tracer ma route.

— Il va bien ? Est-ce qu'il est, je sais pas, déprimé ou autre ?

— Mon frère ? Il prend des cachets pour le cœur.

— Votre fils, je veux dire.

— Nan, Roscoe est toujours bien luné quand il vient chercher à manger.

— Il mange avec vous, donc ?

— Pas exactement. Je prépare deux assiettes pour lui et il les prend. Sa femme est difficile. Des sardines et du thon, c'est tout ce qu'elle bouffe.

— Hmm-hmm. J'ai quelques questions officielles à vous poser. Rien contre vous, attention. Une situation comme ça, faut que ce soit fait dans les règles. Vous êtes d'accord ?

— Je m'en bats l'œil.

— Avez-vous une raison d'avoir peur de votre fils ?

— Peur de Roscoe ? Jamais de la vie.

— Vous a-t-il menacé ? A-t-il profité de vous d'une manière ou d'une autre ?

— Non, monsieur.

— Ce terrain vous appartient-il ?

— Ouaip.

— Une partie est-elle au nom de votre fils ? Ou de quelqu'un d'autre ?

— Non, tout est à moi. Vous pouvez tirer une balle dans n'importe quelle direction, elle atterrira sur de la terre Reeder.

La brise tourna et charria les relents d'ammoniaque du fumier de poule à travers le jardin. Johnny Boy tira un mouchoir de sa poche. Il s'essuya les yeux et se moucha, puis replia soigneusement le mouchoir avant de le ranger.

— Monsieur Reeder, dit Mick, votre fils a-t-il une arme là-dedans ?

— Il a mis son fusil au clou, mais il a peut-être un pistolet. Il y a aussi deux bébés coqs.

— Si c'est des poussins, dit Mick, comment savez-vous que ce sont des mâles ?

— C'est pas des poussins, ils sont juste petits.

— Ai-je votre permission d'entrer dans le poulailler ? dit Johnny Boy.

— Un peu, ouais, c'est pour ça que je vous ai appelés.

Johnny Boy traversa l'herbe épaisse et frappa à la porte.

— Roscoe, dit-il. Tu es là ? Ici l'adjoint Tolliver.

Une voix d'homme lui parvint, légèrement étouffée par les murs en bois.

— C'est toi, Johnny Boy ?

— Ouais.

— Je parle pas à un flic. C'est qui l'autre gus ?

— Juste un pote.

Johnny Boy regarda Mick et désigna la porte.

— Je suis le fils de Jimmy Hardin, Mick. Je peux entrer ?

— C'est ouvert. Y a pas de serrure.

— T'as un flingue dont je devrais avoir connaissance ?

— Ouais, quelque part.

Mick passa devant Johnny Boy, poussa la porte et entra. L'odeur était bien plus forte dedans. Il respira par la bouche, laissant ses yeux s'habituer à l'obscurité. Il ouvrit plus grand pour faire entrer la lumière. La silhouette imprécise d'un homme se dressait au fond.

— Fermez cette foutue porte, dit Roscoe.

— Trop noir. T'as une lampe ?

Roscoe bougea et une lampe en pied éclaira la pièce. Mick ferma la porte. La pièce unique comprenait un micro-ondes, un canapé avec des draps, une chaise et un ordinateur portable. Sur trois murs, des pondoirs encastrés étaient séparés par des cloisons. Dans un coin se tenait une réplique de M. Reeder en plus jeune – mêmes vêtements, même coupe de cheveux, même gabarit. Il tenait tendrement un petit coq contre sa poitrine. Mick estima qu'il ne représentait aucune menace, à moins qu'il ne lui jette l'oiseau dessus.

— Ta femme est là ?

— Elle est partie depuis un bail. J'ai dit à papa qu'elle était là pour qu'il me laisse tranquille. Il respecte l'intimité d'une dame.

— Ça t'embête si je m'assois ?

— Si vous voulez. Y risque d'y avoir des fientes.

Mick déplaça la chaise et s'assit, étirant tranquillement ses jambes.

— Je laverai mes fringues, dit-il. Je me suis assis dans pire.

— Vous avez aussi vécu dans un poulailler ?

— Non. J'étais à l'armée.

— J'y ai pensé, à l'armée. Mais je voulais pas partir d'ici.

— Ma foi, ils ont des casernes qui valent mieux que ça.

— Je parlais des collines, pas du poulailler.

— Je comprends. Moi j'avais qu'une hâte, c'était de partir d'ici. Après j'avais qu'une hâte, revenir. Maintenant je sais plus ce que je veux.

— Sinon, qu'est-ce que vous faites avec Johnny Boy ? Que je sache, il a jamais eu beaucoup d'amis.

— Moi non plus. Faut croire qu'on doit faire avec ce qu'on a, lui et moi.

Roscoe traîna les pieds jusqu'à une cage grillagée pour y mettre le jeune coq. Il lui parla doucement, d'une voix haut perchée, comme lorsqu'on s'adresse à un enfant.

— Là, mon Tiger. Tout va bien. Je vais rester là une minute à discuter. Va boire un coup en attendant.

Le coq leva la tête, regarda autour de lui comme pour trouver une issue de secours, puis fit trois pas jusqu'à un bol d'eau, bombant le torse. Roscoe ferma la cage et le cadenas.

— Il est à sa taille adulte, ton machin ? demanda Mick.

— Ouais, cette race taille plutôt petit.

Il y eut un bruissement dans la pénombre. Mick aperçut un mouvement dans un coin.

— T'en as un autre ?

— Peut-être. Pourquoi ?

— Comme ça.

— Qu'on soit bien clairs : je pars pas d'ici et Tiger est pas à vendre.

— Et l'autre ?

— Charles est pas à moi. Tu peux dire à Johnny Boy que je l'ai pas volé, lui non plus.

— Il est à qui, Charles ?

— À Pete Lowe.

— Pete le mécano ?

— Ouais, il l'a apporté ici. Il m'a demandé de le lui garder.

— C'était quand ?

— Y a trois jours. Une semaine peut-être. Je sais pas. Je suis réglé à l'heure des poules.

— Faut que je sorte une minute.

— Fais gaffe à bien fermer la porte.

Mick sortit et fit un signe à Johnny Boy. Ils s'éloignèrent suffisamment de M. Reeder pour s'entretenir en privé. Mick mentionna l'existence de Charles.

— Le coq de Pete Lowe ? dit Johnny Boy. Peut-être que Roscoe l'a tué et qu'il a volé Charles. Mais alors pourquoi il t'aurait dit à qui appartenait l'oiseau ? Non, ça tient pas. Il faut qu'on parle à M. Reeder.

— Bonne idée.

M. Reeder était penché au-dessus d'une boîte à outils en bois graisseuse à côté du Bronco. Il tenait une clé à cliquet à dix centimètres de son visage. Il la montra à Johnny Boy.

— C'est une 7/8 ? dit-il. J'y vois pas bien.

— Affirmatif, dit Johnny Boy. Est-ce que Pete Lowe est passé ici ?

— Ouais.

— Est-ce qu'il avait quelque chose avec lui ?

— Une boîte en carton. Il l'a donnée à Roscoe.

— C'était quand exactement ?

— Mercredi soir dernier.

— Vous en êtes certain ?

— Ouais, les cloches sonnaient dans le vallon pour l'office. Passez-moi du fil.

Johnny Boy fouilla dans la boîte à outils pour dénicher une bobine rouillée.

— Tout ce pays a été construit avec du fil agricole. Maintenant on en trouve quasiment plus du neuf. Les chaînes en ville en vendent pas. Ce pays part en vrille depuis la mort de Johnny Cash.

Il commença à dérouler un fil, le mesurant à la longueur de son pouce. Mick alla au poulailler et frappa à la porte.

— J'entre.

Il laissa la porte grande ouverte pour révéler Johnny Boy dans le jardin. La lumière du soleil afflua à l'intérieur, se diffusant dans les coins. Les deux coqs étaient dans des cages en métal. Roscoe était allongé sur le canapé, clignant les yeux devant la clarté soudaine. Mick traversa la pièce d'un pas agile, souleva de vieux vêtements et repoussa un sac de graines à moitié vide. Sous des magazines de cinéma, il trouva un revolver .22 à neuf coups, un H&R monté avec un châssis de .38.

— C'est à ma femme, dit Roscoe.

— L'arme aussi ?

— Non, ça c'est à moi. Je parlais des magazines. Elle aime pas qu'on y touche.

— Roscoe, dit Mick. Faut que tu parles à Johnny Boy. Viens dehors.

— Je préfère parler avec vous.

— C'est lui l'adjoint, pas moi.

— Et si j'y vais pas ?

— Je te traîne dehors. Johnny Boy te passe les menottes et tu finis à Rocksalt devant le shérif.

— J'ai rien fait.

— Alors viens dehors et parle à Johnny Boy.

— Et la doctrine du château* dans tout ça ?

Mick déchargea le revolver, laissa tomber les cartouches par terre et jeta l'arme dans un pondoir vide.

* Doctrine appliquée dans une majorité des États américains qui vise à sanctuariser le domicile, en autorisant notamment le recours à la force, même létale, en cas d'intrusion illégale.

— Là, dit-il. Je ne suis pas un intrus armé. Bonne chance pour expliquer au juge qu'un poulailler qui ne t'appartient pas est ton château.

Roscoe resta sur le canapé une minute entière dans une posture de défi, puis se leva avec une lenteur délibérée et sortit à petits pas. Ses vêtements étaient maculés de fientes et de boue séchée. Il regarda autour de lui, plissant les yeux à cause du soleil.

— Tu veux quoi ? dit-il.

— D'après ton père, dit Johnny Boy, Pete Lowe t'a donné une boîte en carton mercredi.

— Ouais, c'est vrai.

— Qu'est-ce qu'il y avait dedans ?

— Un coq.

— Tu l'as acheté ?

— Non. Pete voulait que je le lui garde.

— Pourquoi ?

— Bah, euh… Il avait ses raisons.

— Tu ferais mieux de me les dire.

— Demande à Pete.

— Je peux pas. Pete est mort.

Roscoe regarda Mick pour obtenir confirmation. Mick hocha la tête et Roscoe flageola contre le poulailler comme si ses jambes le lâchaient. Il s'assit sur le parpaing qui faisait office de marche. Mick se demanda depuis combien de temps il n'avait pas pris un repas ou bu de l'eau. Il avait vu la déshydratation dans le désert et les vertiges en étaient un symptôme. Il résista à l'impulsion de lui donner de l'eau.

— Quelqu'un l'a abattu, dit Johnny Boy.

— Qu'est-ce que je suis censé faire de son coq ?

— Je sais pas. Le truc, c'est qu'il a été tué après que tu l'as vu pour la dernière fois. Tu dois me dire ce qui se passe.

M. Reeder se joignit à eux, tenant une clé à filtre à huile dont la sangle était détendue. Une pince-étau était accrochée dessus pour la resserrer.

— Fils, dit-il. Elle est où, Misty ?

— Elle a mis les voiles, papa. Ça va faire un mois.

— Alors qui mangeait tout ce poisson ?

— Charles. C'est Pete qui m'a dit de lui en donner.

— Charles ? C'est qui ça, encore ?

— Le coq de Pete Lowe, dit Johnny Boy. C'est plus ou moins pour ça qu'on est là. Pete est mort et votre fils ici présent fait des cachoteries. J'essaie de lui éviter de finir au trou.

— T'entends ça ? lança M. Reeder à Roscoe. Dis-leur ce qu'ils veulent savoir. Ensuite tu pourras venir manger. J'ai mis du jambon à décongeler. Du bon jambon de chez les amish du comté de Fleming.

— Je peux en avoir ?

— Ouais, je te ferai aussi le pain de maïs de ta grand-mère et un ragoût de haricots. Mais faut que tu parles à ce type.

Roscoe se frotta la tête, délogeant des copeaux de pin et de la paille dans ses cheveux. Il parla en regardant les bottes de son père.

— Pete avait peur qu'on lui vole Charles. Il voulait que je le garde et que j'en parle à personne.

— Pourquoi quelqu'un volerait un coq ? dit Johnny Boy.

— Il vaut trois mille dollars.

La voix de M. Reeder se fit plus douce.

— Fils. Aucun piaf ne vaut ça. Tu dois leur dire la vérité.

— C'est vrai, papa. Charles est un croisé mexicain-allemand. Le meilleur coq de combat qu'existe. Il a fait sept victoires d'affilée.

— Ça se passe où, ces combats ? dit Johnny Boy.

— Ça change. En général dans une grange au fond des bois.

— Comment on sait où aller ?

— Les forums en ligne.

— C'était quand le dernier combat ?

— Il y a deux semaines, samedi soir.

— C'était où ?

— Chez Hack Darvis. À la limite du comté d'Elliot.

Johnny Boy secoua la tête. Hack Darvis était une crapule de la pire espèce. Trente ans plus tôt, il avait fait tomber un arbre sur un homme lors d'une journée d'abattage. On racontait que c'était intentionnel, un conflit à cause d'une femme. Ils étaient seuls dans les bois et Hack n'avait pas été inculpé pour meurtre.

— Pourquoi est-ce que Pete t'a donné Charles ? insista Johnny Boy.

— Je viens de te le dire.

— D'accord, mais pourquoi toi en particulier ?

— Il savait que j'en prendrais soin.

— Comment il le savait ?

— Parce que j'ai mon propre coq. Tiger a pas encore combattu. Pete me montrait comment le dresser. C'est pour ça que Misty est partie. Elle disait que je préférais Tiger à elle. Parfois c'était vrai. Pas tout le temps, mais faut croire que c'était suffisant pour qu'elle mette les voiles. Ça et l'argent.

— Quel argent ?

— Elle voulait qu'on loue un mobile home mais j'ai acheté Tiger.

Les quatre hommes restèrent là en silence, chacun regardant dans une direction différente. Mick étudia les bois derrière le poulailler, où trois bruants narguaient une corneille dans un platane. La corneille descendit d'une branche pour se lancer dans un vol plané. Les bruants suivirent, attaquant les plumes de sa queue à coups de bec jusqu'à ce qu'elle batte des ailes pour prendre la fuite. Les bruants revinrent en cercle au nid qu'ils protégeaient.

Johnny Boy adressa à Mick un haussement d'épaules silencieux.

— Roscoe, dit Mick. Quelqu'un d'autre sait que Charles est ici ?

— Non.

— Et Misty ?

— Elle l'a vu quand elle est revenue chercher des affaires.

— Tu lui as dit à qui il appartenait ?

— Non, Pete me l'avait interdit.

— Mais elle savait que t'allais avec lui aux combats.

Roscoe acquiesça. L'espace d'un instant, tous les hommes hochaient la tête – Mick à l'adresse de Johnny Boy pour signifier que c'était tout pour lui, Johnny Boy à Roscoe, et M. Reeder à son fils. Un geai bleu cria, puis fondit en piqué sur un congénère pour le chahuter. Un froissement d'ailes ébouriffa les feuilles d'un érable argenté.

— Monsieur Reeder, dit Mick. La présence de ce coq ici, c'est pas bon. Un homme s'est fait tuer à cause de lui. Si vous voyez quelqu'un que vous connaissez pas, mieux vaut appeler le shérif.

— Je peux protéger mon fils.

— Je sais. Mais ces gens-là ne plaisantent pas.

D'un geste soudain, M. Reeder dégaina un .38 à canon court de sa poche arrière.

— Moi non plus.

6

LINDA conduisait doucement et se demandait pourquoi. D'ordinaire, elle roulait pied au plancher et faisait rugir le moteur, suivant le rythme d'une chanson qu'elle écoutait sur les vieilles cartouches huit pistes de sa mère. Aujourd'hui elle levait le pied. La seule différence, c'était le petit déjeuner. La plupart des matins, elle avalait un muffin sur le pouce et partait au travail avec un demi-café dans une tasse Thermos, déjà tendue et anxieuse. Trop de café, et elle avait la migraine. Trop peu, et elle y avait droit aussi. Là, elle se sentait en forme – le petit déjeuner de son frère maintenait son système nerveux en place et elle était adéquatement caféinée.

Sa radio couina deux fois et la voix de Sandra lui parvint.

— Base pour shérif.

— Je suis là, Sandra.

— J'ai un appel. Intrusion ou violation de domicile.

— Lequel des deux ?

— Dur à dire. C'est Mme Morgan, qui vit en dessous de Shawnee Rock. Elle dit qu'il y a quelqu'un chez elle.

— Cambriolage ?

— Je sais pas. Elle était assez vague. Je crois qu'elle n'est plus toute jeune.

— Envoie Johnny Boy.

— Impossible. Il est à l'autre bout du comté pour cette histoire d'expulsion.

— Nom de Dieu de bordel à queue.

La radio resta silencieuse.

— Balance l'adresse.

Au premier accotement large, elle fit demi-tour. Shawnee Rock était un à-pic naturel où les adolescents allaient boire et fumer de l'herbe. Ils s'étaient aussi mis à taguer la roche à la bombe, ce qui attisait la croyance selon laquelle des satanistes s'y rassemblaient. L'enquête de Linda avait révélé des canettes de bière vides, un sweat à capuche en lambeaux et un paquet de feuilles à rouler.

Le terrain de Mme Morgan était situé au bout d'une longue allée d'ornières jumelles avec des mauvaises herbes au milieu. Des arbres entouraient la maison sous un ciel de la couleur d'un bocal. Une ligne téléphonique et un câble électrique reliaient un pylône à une vieille maison à un étage. Il n'y avait pas de voiture, ce qui signifiait que l'intrus potentiel était venu à pied. Linda sortit de son véhicule et inspecta le jardin en quête d'empreintes de pas, n'en trouvant aucune.

Elle monta sur le porche et toqua. La porte avait été fraîchement repeinte en vert, un travail bâclé. N'obtenant pas de réponse, elle frappa encore deux coups, puis fit le tour pour essayer la porte de derrière. Un orme poussait à côté de la maison, un des rares du comté à avoir survécu à la rouille, avec une longue branche au-dessus du toit. Dans le jardin de derrière, un sentier au milieu des hautes herbes conduisait à une table en fer peinte en blanc. Une femme d'un certain âge était assise avec un mug jaune vif et une cigarette. Ses longs cheveux gris étaient détachés et elle portait une robe d'intérieur pâle.

— Hé, là ! dit la femme. Qui êtes-vous ?

— Shérif Hardin.

— Vous êtes une femme.

— Oui, madame. Je suis nouvelle.

Linda s'approcha, remarquant des éclats de peinture verte séchée sur le poignet droit de la femme.

— Vous avez repeint la porte ? dit Linda.

— Qui vous l'a dit ?

— Personne. Ça a l'air frais et vous en avez encore sur le bras.

— C'est du vert.

— J'ai vu ça.

— Une porte verte tient le diable à l'écart.

— Avez-vous contacté le bureau du shérif aujourd'hui ?

— Oui, en effet. Vous êtes rapide.

— J'étais dans le coin. En quoi puis-je vous être utile, madame Morgan ?

— Y a quelque chose dans la maison.

— Quelque chose ? Vous avez dit au central que c'était quelqu'un.

— C'est les deux.

Linda prit une longue inspiration, expira lentement, puis répéta deux fois l'opération. C'était une technique pour se calmer qui marchait rarement. Elle était toujours frustrée mais moins susceptible de jurer ou de rebrousser chemin. Sa mère la rendait dingue, et Linda était consciente d'avoir l'irritation facile face aux femmes âgées.

— Les deux ?

— C'est un fantôme. Avant c'était une personne, donc c'est les deux.

— Vous l'avez vu ?

— Deux fois. Dans le couloir à l'étage et dans l'escalier.

— Il ressemblait à quoi ?

— Je peux pas dire exactement. Il était gris clair et bougeait doucement, puis très vite.

— Vous permettez que je m'assoie ?

Mme Morgan haussa les épaules. Linda ajusta son ceinturon afin d'avoir le maximum de confort possible sur la chaise en métal. Elle se pencha en avant, dans la même posture qu'un suspect menotté sur la banquette arrière. La robe de Mme Morgan était jaune et blanche à l'origine, mais elle était délavée, sans doute à force d'être étendue au soleil sur la corde à linge. Linda se demanda si elle ne s'était pas prise pour un fantôme en apercevant son reflet dans un vieux miroir terne mal éclairé.

— Vous avez un miroir dans la maison ? demanda-t-elle.

— Dans la salle de bains.

— Vous avez vu le fantôme là-bas ?

— Non, je vous ai dit. Le couloir et l'escalier. Vous n'écoutez pas ?

Linda inspira trois fois profondément et se leva.

— Je crois que je vais jeter un œil à l'intérieur, dit-elle.

Elle traversa le jardin jusqu'à la porte de derrière et entra dans la cuisine. Celle-ci était étonnamment rangée, étant donné l'âge de la femme et sa confusion mentale. Toutes les surfaces avaient été nettoyées et la vaisselle lavée, séchée et empilée. Une radio sur le plan de travail diffusait une station locale. Linda ouvrit le réfrigérateur et inspecta son contenu. Aucune date de péremption n'était dépassée.

Elle continua avec le séjour, également ordonné. La seule anomalie était le canapé, où une pile hasardeuse de magazines et un tas de brochures publicitaires jouxtaient une place libre. Mme Morgan devait s'asseoir là souvent. Une autre radio diffusait la même station, comme une sorte de stéréo au rabais. Linda passa ensuite à un petit salon et à une chambre, qui était clairement utilisée par Mme Morgan. Le lit était soigneusement fait et la penderie organisée. Une radio portative diffusait encore la même station sur une table de chevet. À côté, il y avait une lampe torche, des piles de rechange pour un appareil auditif, une boîte de mouchoirs et un livre de poche sur la famille royale britannique. Une canne brillante en aluminium avec quatre pieds recouverts de caoutchouc était appuyée près de la porte.

Linda monta l'escalier. Une couche de poussière recouvrait chaque marche, aucune d'entre elles ne révélant d'empreintes récentes. La rampe était tout aussi poussiéreuse, sans trace de main. En haut de l'escalier, Linda éprouva brièvement la crainte de rencontrer un fantôme dans le couloir. Elle secoua la tête, puis inspecta deux chambres au plafond incliné. À travers une fenêtre en pignon, elle distingua le large tronc de l'orme. La brise déplaça les feuilles et elle entendit le raclement de la branche sur le toit.

Le plafond en plâtre d'origine avait été réparé avec des petites plaques de placo, dont l'une était gondolée et tachée. Linda tira une chaise à côté du mur et monta dessus. Elle racla le plafond avec le fermoir des menottes, puis agita les menottes devant son visage, reconnaissant l'odeur de l'urine d'écureuil.

Elle retourna au jardin. Mme Morgan fumait une nouvelle cigarette au soleil. Le reste du jardin était plongé dans l'ombre provenant de la falaise massive derrière la maison.

— Bon, dit Linda. J'ai éclairci le mystère. Vous avez des écureuils dans les combles. Et une branche d'arbre racle le toit. Ça peut rendre les écureuils nerveux, vous voyez.

— Je suis au courant, pour les écureuils. Vous avez vu le fantôme ?

— Non. À quoi ressemble-t-il ?

— C'est un homme qui cherche son arme.

— Vous avez une arme dans la maison ?

— Avant oui, mais plus maintenant. Mon neveu me l'a empruntée il y a une grosse vingtaine d'années. Il l'a jamais rapportée. C'était la .22 de mon arrière-grand-père. Il l'utilisait pour le petit gibier.

— Hmm-hmm, dit Linda. Qu'est-ce qui vous fait penser que ce fantôme cherche une arme ?

— Vous n'êtes pas d'ici, hein ?

— J'ai vécu toute ma vie dans le comté d'Eldridge.

— Rocksalt, j'imagine.

— Oui, madame.

La femme utilisa sa cigarette pour désigner la falaise sombre derrière le jardin.

— Vous savez ce que c'est, ça ?

— Je dirais que c'est l'arrière de Shawnee Rock.

— Vous avez passé trop de temps en ville, vous avez oublié les collines. Shawnee Rock est hanté. Les gens du coin le savent. Il y a trois fantômes qui vivent là-haut.

— Trois ?

— Un bébé qui cherche sa tête. Un ours qui cherche sa peau. Et un homme qui cherche son arme. Il a abattu l'ours qui avait tué son bébé, puis a lâché son arme. Il est chez moi pour essayer de remettre la main dessus.

— Pourquoi il ferait ça ?

— Parce qu'il ne la trouve pas là-haut.

La voix de Mme Morgan était teintée d'une légère frustration, comme si elle expliquait les bases de l'arithmétique à un enfant distrait. Linda considérait l'existence des fantômes comme possible, mais n'en avait jamais vu. Les preuves empiriques importaient généralement peu – la plupart des gens n'avaient pas vu le diable, mais ils peignaient quand même leur porte d'entrée en vert. Elle supposa qu'il en allait de même des OVNI, de Bigfoot et du père Noël. Elle se souvenait encore de sa cruelle déception quand elle avait appris que la petite souris n'était autre que sa mère.

— Madame Morgan. S'il y a trois fantômes à Shawnee Rock, n'importe lequel d'entre eux aurait pu descendre ici.

— Le bébé, il peut pas marcher parce que c'est un bébé. L'ours s'est fait dépecer sur Shawnee Rock, donc il reste près de sa peau. L'homme, il a perdu son arme en bas de la falaise. Moi ce que j'en dis, c'est qu'il a regardé partout dans le vallon et qu'il l'a pas trouvée. Ça laisse ma maison.

Linda admira sa logique implacable. Mme Morgan avait passé les options en revue aussi méticuleusement qu'elle-même rayait des suspects d'une liste. Linda se déplaça sur sa chaise. Une épaisse forêt encerclait le jardin entre ses parois vertes. Un pic flamboyant à la nuque rouge marcha tête la première contre un caryer ovale, trouva une partie molle dans l'écorce et utilisa son bec comme un marteau-piqueur miniature. Un arbre pouvait-il être hanté par un insecte mort ? Si c'était le cas, toutes les forêts comprendraient plus de fantômes que d'insectes.

Elle n'était pas sûre de la marche à suivre avec Mme Morgan. Elle se demanda un instant si son frère avait vu les fantômes des soldats sur les champs de bataille. Mick avait beau être dur, il avait bon cœur, et elle essaya de penser à ce qu'il ferait à sa place. Il voudrait rassurer Mme Morgan, soulager son angoisse et passer à autre chose. Efficace à court terme, cette stratégie avait fini par ruiner son mariage. Cela dit, Linda n'avait jamais été mariée, alors qu'est-ce qu'elle y connaissait ?

Mme Morgan alluma une nouvelle cigarette.

— Est-ce que quelqu'un vous apporte de la nourriture et des cigarettes ? dit Linda.

— Mon neveu.

— Celui avec votre arme ?

— Oui, il passe deux fois par semaine. Il m'aide à payer toutes mes factures, aussi. Il m'emmène chez le docteur.

— C'est lui qui vous a donné cette canne dans la chambre ?

— Oui, mais j'en ai pas besoin.

— Vous lui avez parlé du fantôme ?

— Non, et j'en ai pas l'intention. Il me placerait illico.

— Pourquoi ne pas vous installer chez lui ?

— Il en est à sa deuxième femme avec cinq enfants. Merci, non.

Linda acquiesça, réfléchissant à la situation. La maison de Mme Morgan était bien tenue. Ses vêtements et ses cheveux étaient propres. Elle n'était pas complètement isolée, juste un peu seule. Linda se pencha en avant et la regarda pour lui faire comprendre qu'elles entraient dans le vif du sujet.

— Qu'est-ce que vous voulez que je fasse ? dit-elle.

— Comment ça ?

— Vous avez appelé le shérif : me voici.

— Je ne sais pas. J'en ai eu marre du fantôme et j'ai pensé que c'était à vous qu'il fallait en parler.

— Je pourrais l'arrêter. Il faudrait que vous portiez plainte. Il y aura un dossier, mais je suis pas sûre que ça finisse au tribunal.

— En tout cas, j'irai pas témoigner. C'est des coups à ce que mon neveu m'envoie à l'asile. J'ai jamais vécu ailleurs qu'ici.

— Sinon, j'ai une autre proposition : j'emmène le fantôme en garde à vue et je lui fais un sermon. Je lui dis de quitter le comté, sinon c'est la prison.

— Vous pensez qu'il écoutera ?

— Il n'aura pas le choix, madame Morgan. Je représente la loi.

Linda se leva et ajusta son ceinturon. Elle alla dans la maison et grimpa les marches jusqu'au couloir. Mme Morgan attendait en bas.

— Monsieur, dit Linda assez fort pour que Mme Morgan l'entende. Monsieur, il va falloir venir avec moi.

Elle contempla un mur nu quelques secondes, puis continua jusqu'en haut des marches. Elle leva son bras gauche perpendiculairement à son corps et recourba sa main comme si elle tenait quelqu'un par le bras. Elle descendit lentement, parlant fort.

— Monsieur, ce n'est pas votre maison. Il ne faut pas rester ici. Si je dois revenir, je ne serai pas aussi conciliante. Ne remettez plus les pieds ici.

Elle passa devant Mme Morgan, dont les yeux étaient intensément concentrés. Elle sortit et traversa le jardin jusqu'à son véhicule. Elle ouvrit la portière arrière et mima le fait d'aider quelqu'un à s'asseoir, plaçant sa main là où serait la tête pour s'assurer qu'elle ne se cognait pas. Elle ferma la portière et retourna à la maison.

Mme Morgan était debout sur le porche, ses bras minces entourant son buste. La robe délavée flottait dans la brise sous ses genoux.

— Ça devrait suffire, dit Linda.

— Je ne veux pas qu'il lui arrive quoi que ce soit.

— Je vous garantis qu'il n'ira pas en prison.

— Ce n'est pas sa faute, dit Mme Morgan. C'est plus fort que lui, je crois.

— Je comprends.

— C'est bien, parce que moi je ne suis pas sûre de tout comprendre. Je vis juste au rythme de ces vieilles collines.

— C'est notre lot à tous.

Linda monta dans son 4x4, fit demi-tour et reprit l'étroite allée. Elle jeta un regard instinctif dans le rétroviseur. La banquette arrière était vide, et elle sourit intérieurement. Elle informa Sandra que l'intrusion était une fausse alerte et qu'il n'y aurait pas de rapport. Elle roula vers l'est, s'enfonçant encore dans les collines, en songeant que Mme Morgan était une femme solitaire et livrée à elle-même. Vu la tournure que prenait sa propre vie, elle serait dans le même bateau un jour. Un peu de gentillesse ne faisait jamais de mal.

7

Johnny Boy et Mick quittèrent la crête où habitaient les Reeder et s'arrêtèrent au sommet de la colline. Johnny Boy chercha à joindre Linda, sans succès. Il laissa un message et contacta le central.

— Sandra, où est Linda ? Elle répond pas.

— De l'autre côté de Shawnee Rock. Y a pas de réseau là-bas.

— Dis-lui que je dois lui parler.

— 10-4, dit Sandra.

— Bien reçu.

— Terminé.

Il sourit et relâcha le bouton de la radio. Mick comprit que c'était sa manière de flirter. Ils descendirent la colline, contournant des nids-de-poule où la boue avait séché. Johnny Boy s'arrêta devant une tortue boîte. Mick sortit du véhicule pour la mettre à l'abri, se souvenant qu'enfant il dessinait un gros X à la peinture rouge sur chaque tortue qu'il trouvait, dans l'espoir de la revoir. Ça n'était jamais arrivé. Peut-être que la peinture s'effaçait avec la pluie ou peut-être qu'il y avait une colonie secrète de tortues peintes en rouge au fond des bois. Il retourna au véhicule de Johnny Boy, qui était en train de briefer Linda sur l'histoire des Reeder.

— Ouais, il est là, dit Johnny Boy. OK.

Il mit le téléphone en haut-parleur. Mick entendit la voix métallique de sa sœur, stressée et tendue. La réception allait et venait, comme si elle était dans un tunnel.

— Va voir Hack Darvis, dit-elle.

— Très bien, dit Johnny Boy. Tu veux que je l'embarque pour organisation de combats de coqs ?

— Non, on a d'autres chats à fouetter que deux piafs qui se battent. Dis-lui…

L'appel cessa abruptement. Johnny Boy essaya deux fois de rétablir le contact, en vain. Une grande sauterelle verte fusa à travers la vitre ouverte et atterrit sur le tableau de bord. Surpris, Johnny Boy laissa tomber son téléphone sur ses genoux. Mick attrapa l'insecte entre ses doigts et le relâcha dehors.

— Un de mes deux insectes préférés, dit-il. Elles se camouflent comme des feuilles. Mon Papaw comptait le nombre de leurs stridulations en quinze secondes, puis il ajoutait trente-sept pour connaître la température extérieure en Fahrenheit.

— Dans ma famille, on utilisait un thermomètre.

Mick songea aux douze thermomètres de sa mère. Il n'avait jamais utilisé aucune de ces deux méthodes, il se contentait de sortir pour savoir s'il avait besoin d'une veste.

— Le truc, dit Johnny Boy, c'est que cette technique ne marche que si la température est entre quarante et soixante-dix. Plus chaud, tu peux pas compter assez vite. En dessous de trente-huit, ça ferait aucun son.

— Faut croire que t'es meilleur en maths que mon Papaw.

— C'est quoi ton autre insecte préféré ? T'as dit que t'en avais deux.

— Le bâton du diable. Difficile à repérer.

— Adam devait être fatigué ce jour-là, pour appeler un insecte "bâton" parce qu'il ressemblait à un bâton. Ça t'arrive de penser à Adam ?

— Jamais.

— Moi oui. Pendant des heures. Chacun des mots qu'Adam a prononcés était le nom de quelque chose. On voit les fois où il était à court d'idées. Le mille-pattes, par exemple. Il devait être lessivé ce jour-là. Il voit une petite bestiole avec plein de pattes, il a la flemme de compter combien et il dit : "C'est un mille-pattes." Il avait pas la vie facile.

— Pourquoi ?

— Il vivait seul, sans ami, et devait donner un nom à tout. Il finit par se trouver une femme et ils ont des ennuis pour une histoire de fruit. Puis ils se font expulser de chez eux. Un de leurs fils tue l'autre et prend la fuite. T'imagines à quel point c'était triste pour eux. Chassés du paradis avec un fils assassin.

— Hmm-hmm, fit Mick. Faut que tu demandes l'adresse de Hack au central.

Johnny Boy contacta Sandra et Mick quitta le véhicule pour éviter d'avoir à entendre ses médiocres tentatives de drague. Il se demanda s'il était jaloux. Il ne pensait pas, mais son esprit ne fonctionnait plus à plein régime depuis qu'il avait quitté la base. Son grand-père disait que voir un bâton du diable portait chance. Il disait aussi que tuer un faucheux faisait pleuvoir et qu'un oiseau dans la maison signifiait que quelqu'un allait mourir. Les deux finissaient par être vrais un jour ou l'autre – la pluie tombait et les gens mouraient.

Mick remonta dans le véhicule et ils roulèrent jusqu'au bitume. Johnny Boy suivit Open Fork Road jusqu'à une autre colline. Ils dépassèrent un cimetière, plusieurs mobile homes et quelques maisons plus anciennes en bois. Le terrain des collines était si accidenté que les routes suivaient les rivières, dont elles tiraient leur nom. Lick Fork Creek se divisait entre Upper Lick Fork et Lower Lick Fork. Toutes ces désignations paraissaient logiques à Mick, sauf "Open Fork". Toutes les fourches n'étaient-elles pas plus ou moins ouvertes ? Une fourche fermée n'était pas une fourche.

Ils suivirent Christy Creek jusqu'à Hoggtown, puis s'enfoncèrent dans les collines escarpées menant au comté d'Elliott. La route était coiffée par les branches basses des érables.

— Tu crois que ce meurtre est lié aux coqs ? dit Johnny Boy.

— Je sais pas. Ça dépend des montants engagés.

— Pourrait y avoir quelque chose à l'intérieur d'un coq.

— Comment ça ?

— J'ai vu un film sur une oie à la télé. Un vieux truc en noir et blanc. Y avait pas que le film qu'était en noir et blanc d'ailleurs, l'oie aussi. Quelqu'un vole un diamant et le donne à manger à une oie de Noël. Il perd l'oie et la cherche partout dans la ville.

— Je crois qu'un diamant tuerait ces petites bêtes.

— Dans le film aussi, l'oie finit par mourir.

Le paysage s'ouvrait sur une grande étendue plate coincée sous les renflements au pied des collines, une des curiosités géographiques de la région. C'était un grand ovale de la taille d'une piste d'athlétisme. Un côté était flanqué par les falaises calcaires de la crête en surplomb. L'autre descendait presque à pic, des coulées creusées par la pluie serpentant sur une pente densément boisée. Ils passèrent un champ d'herbe aplatie strié de traces de pneus et d'ornières, un parking improvisé. Un poteau soutenait un projecteur avec des fils conduisant à une grange et deux autres constructions. Un pick-up à cabine approfondie et une Ford Galaxie 500 aux phares avant superposés étaient garés devant.

Johnny Boy s'arrêta et klaxonna trois fois. Il attendit deux minutes et klaxonna de nouveau. Le bruit flotta dans l'air, puis s'estompa doucement jusqu'à ce que seul subsiste le murmure du vent dans les hautes branches.

Mick quitta le véhicule, regardant trois vautours spiraler à des altitudes différentes, descendant lentement, comme si chacun s'était vu assigner un courant thermique. Les clés du pick-up étaient sur le contact. La boîte à gants contenait des papiers au nom de Hack Darvis.

La grange était fermée par une porte massive, coulissant sur des rails fixés à la structure. Johnny Boy saisit la poignée et la fit glisser aisément sur le rail graissé, laissant la lumière du soleil baigner l'intérieur. Ils n'y virent aucun des équipements généralement entreposés dans une grange – pas de tracteur, de motoculteur, ni même de foin. Il y avait une large fosse au milieu, quatre mètres de diamètre et quinze centimètres de profondeur. La terre était tassée sur les bords, avec des empreintes de pas visibles. Au milieu du cercle, la terre était retournée et meuble, mélangée à des plumes et du sang séché. Ça sentait le carnage, le whiskey et les cigarettes.

Des planches de bois posées sur des parpaings faisaient office de gradins. Dans un enclos à bétail, un comptoir avait été installé sur la demi-porte. Des cartons vides étaient éparpillés dans la terre battue, portant la marque d'alcools bon marché. Un autre enclos contenait des résidus de bois d'œuvre. Le reste de la grange était vide, à l'exception de canettes de bière écrasées et de centaines de mégots de cigarettes.

— Sacrée organisation, dit Johnny Boy.

Ils sortirent. Deux hangars étaient cadenassés et Mick retira les clés du contact du pick-up. Il alla au premier hangar et essaya trois clés avant d'ouvrir le cadenas. Il entra, actionna l'interrupteur à côté de la porte, et une ampoule nue s'alluma au plafond. Six caisses de bière tiède trônaient sur un établi. Deux caisses remplies de petites bouteilles de mauvais whiskey étaient posées à côté.

L'autre hangar, dépourvu de fenêtre, avait un toit neuf en tôle ondulée et une lourde porte avec des charnières invisibles et deux cadenas. Mick les déverrouilla et entra. Il trouva un petit réfrigérateur et une table basse avec un gros bocal en verre, une éponge, un long tube en plastique et une boîte de film étirable. Le réfrigérateur contenait un bocal fermé et deux cuillères. Le thermostat était réglé curieusement bas étant donné l'absence de denrées périssables. Une paire de gros gants de soudeur en cuir et une longue barre métallique avec un crochet émoussé étaient suspendues au mur.

Sur une table trônait une lourde caisse en bois articulée comme une valise, d'aspect robuste, qui rappela à Mick l'attirail d'un peintre à l'huile travaillant en extérieur. Il fit glisser le loquet, défit les moraillons et ouvrit la caisse. Un vrombissement sonore emplit la pièce. Dans la caisse, un serpent à sonnette était enroulé sur lui-même, le bout de sa queue vibrant en l'air. Une claie épaisse le maintenait captif, mais Mick bondit en arrière instinctivement. Il avait connu le combat rapproché dans trois pays, mais la seule chose qui l'emplissait d'une terreur immédiate était le serpent à sonnette, une peur instillée en lui dès l'enfance. Il saisit la barre métallique au mur et l'utilisa pour refermer la caisse, puis il remit le loquet pour la verrouiller. Le vrombissement s'estompa.

Johnny Boy tenait son arme à deux mains, la caisse en joue.

— Écarte ça, dit Mick.

Johnny Boy baissa son arme.

— C'est la dernière fois que tu braques une arme quand je suis devant toi. C'est clair ?

— J'aime pas les serpents.

— J'aime pas qu'on me tire dessus.

Ils sortirent, heureux de prendre l'air et le soleil. Le paysage verdoyait autour d'eux, radieux, comme si rien d'autre n'importait. Un papillon voletait dans le chèvrefeuille à l'orée des bois.

— Tu penses qu'il mesurait combien, ce serpent ? dit Johnny Boy.

— Au moins soixante centimètres. La caisse a l'air faite sur mesure. Peut-être qu'on a affaire à une sorte de pentecôtiste.

— Y en a pas ici, dans le comté d'Eldridge. Enfin si, quelques pentecôtistes qui parlent en langues, mais pas de manipulateurs de serpents. Y a une église méthodiste dans le comté de Pick qui versait là-dedans à une époque. C'est légal si c'est une église familiale.

— T'en connais ?

— Non, mais j'ai un cousin qui vend des serpents.

Deux autres vautours tournoyaient dans le ciel au-dessus de la grange. Un nuage cotonneux dérivait derrière leur silhouette noire. Johnny Boy les observa.

— Ils doivent chercher des coqs morts.

Mick hocha la tête, songeant que quelque chose clochait. Il n'arrivait pas à mettre le doigt dessus, mais il avait appris à se fier à son instinct en Irak et en Afghanistan. Son arme était au poste du shérif et il n'aimait pas en être dépourvu. Ils allèrent voir à l'arrière de la grange, où un quad était garé en haut d'une piste qui plongeait dans le vallon. Perchée sur la cage de sécurité de l'engin, une corneille regardait deux vautours plonger leurs têtes déplumées dans un homme mort. Johnny Boy se détourna avec un haut-le-cœur.

— Va appeler Linda, dit Mick. Demande une ambulance.

Encore secoué de spasmes, Johnny Boy remonta la colline téléphone en l'air, cherchant du réseau. Mick poussa un cri et chargea les vautours. Ils s'élevèrent lourdement du sol et se juchèrent sur un pacanier, l'air outrés qu'on ait interrompu leur repas. Mick ne leur en voulait pas. Ils avaient un travail à faire, comme lui, et il ne jugeait pas un animal pour son travail, même si celui-ci consistait à manger de la charogne.

Le corps était celui d'un grand costaud, allongé dans une drôle de position. Un Glock 9 mm gisait à côté de sa main. Sa chemise et son pantalon étaient déchiquetés par la chevrotine qui avait arraché une partie suffisante de son torse pour le tuer. Mick décrivit un cercle pour inspecter les environs immédiats, étudiant le terrain, les angles de tir et la proximité de la grange et du quad. L'homme avait été tué à distance rapprochée. Quelqu'un l'avait suivi ou bien ils étaient revenus ici ensemble. Peut-être que le tueur l'avait attendu.

Mick s'avança au frais dans l'ombre d'un érable. Il s'assit par terre entre deux racines apparentes et s'adossa au tronc, à l'aise comme il ne l'avait pas été depuis des semaines. Peut-être que c'était le fait d'être sur une scène de crime. Il se demanda s'il n'avait pas commis une erreur en quittant l'armée. Un cardinal déboula sur un pommier sauvage dans un éclair rouge. L'armée ne lui manquait pas. Les bois où il avait grandi lui manquaient. C'était le seul endroit de sa vie où il s'était senti en sécurité.

8

LINDA arriva sur une des rares lignes droites des collines. Comme tout le monde en milieu rural, elle se positionna au centre de la route et enfonça l'accélérateur. Forcée de ralentir à un virage, elle tâcha de passer en revue tout ce qu'elle savait sur la mort de Pete Lowe, c'est-à-dire à peu près rien. Trois jours plus tôt, elle avait examiné la scène de crime qui avait déjà été piétinée par les secouristes, le coroner du comté et trois voisins. Personne n'avait jamais regardé de série policière ou quoi ?

Pete Lowe avait cinq enfants, dont quatre s'étaient mariés et avaient quitté le comté. Sa fille aînée, Janice, avait découvert le corps et appelé les urgences. Linda avait essayé de l'interroger mais l'enterrement avait contrarié ses plans. Elle quitta le bitume pour une route de gravier qui devenait un chemin de terre au fil de la rivière qu'elle longeait dans un vallon. Deux fois, Linda dut rouler sur un filet d'eau. La route s'achevait sur une maison jaune avec des bardeaux refaits à neuf. Linda se gara, klaxonna et se planta devant son véhicule. L'air était immobile, la moitié du paysage plongée dans l'ombre des hautes collines de part et d'autre. Le plein soleil ne devait durer que quelques heures par jour. L'hiver, les lieux seraient gris mais bien abrités des intempéries.

Une femme portant une veste de travail en jean et des bottes en caoutchouc apparut au coin de la maison. Ses cheveux étaient ramenés sous une casquette bleu et blanc avec le logo de Tractor Supply. Ses vêtements étaient maculés de boue.

— Madame Moore ? dit Linda. Janice Moore ?

— Oui et non. Je suis divorcée, donc c'est mademoiselle, et je suis redevenue une Lowe.

— Vous êtes la fille de Pete ?

Janice acquiesça.

— Je suis désolée pour votre père, dit Linda. J'aimerais vous parler si vous avez une minute.

— Euh… C'est-à-dire que j'étais justement en plein travail.

— Je peux attendre ou je peux vous donner un coup de main.

— C'est vous qui voyez.

Janice rebroussa chemin et contourna la maison. Linda la suivit jusqu'à un enclos délimité avec des poteaux en T et du grillage. Une auge construite avec de grandes planches de bois courait le long de la clôture la plus proche de la maison. Au milieu du terrain boueux trônait une citerne galvanisée. Deux jeunes truies étaient couchées dans la boue. Un mâle adulte se tenait parallèle à la clôture, la patte arrière attachée à un piquet. Une corde passée autour de son cou maintenait sa tête contre un autre piquet. Janice s'accroupit de l'autre côté de la clôture avec le verrat. Veillant à rester à distance de ses dents acérées, elle fixa sa patte avant à la clôture, se leva et désigna un manche de houe cassé dans l'herbe.

— C'est une opération qui peut pas vraiment se faire à deux, dit Janice. Si une corde lâche, tapez-lui dessus jusqu'à ce que je sorte.

Linda prit le manche en pacanier et la regarda abaisser la clôture avec sa main. Janice passa une jambe par-dessus, planta fermement sa botte dans la boue et franchit le grillage. Le cochon se débattit, ébranlant la clôture et chassant quatre bruants d'un érable. De sa poche, elle sortit une petite flasque d'alcool à friction, la déboucha et la planta dans la terre humide. Elle s'accroupit derrière le cochon. Celui-ci rua avec sa patte libre mais perdit l'équilibre et tangua vers la clôture. Il rua plusieurs fois, puis s'arrêta pour reprendre son souffle.

— Préparez-vous, dit Janice à Linda. Frappez à la tête s'il le faut. Ça lui fera pas mal. Ils ont le crâne solide. Mais ça détournera son attention de moi.

Janice ouvrit un canif et l'aspergea d'alcool. Elle attrapa le scrotum entre les pattes du cochon. Le tenant d'une main, elle pratiqua une incision de cinq centimètres dans la peau, fit jaillir un testicule, le sectionna et le glissa dans sa poche de veste. Le cochon hurlait comme un enfant et frappait son énorme corps contre la clôture. Janice pratiqua une nouvelle incision et retira le deuxième testicule. Les hurlements redoublèrent de férocité. Janice franchit la clôture et trancha les liens. Le cochon partit en courant dans tous les sens, toujours hurlant, faisant gicler de la boue dans l'air. Il entra dans un abri à l'autre bout de l'enclos et se mit à geindre.

Janice tendit un testicule à Linda. Il était gris et rose, parsemé de petites peluches de fond de poche.

— Vous en voulez un ? Vous le faites griller. C'est plein de fer et de zinc.

— Ça va aller, merci.

Janice nettoya le sang sur le canif et sur ses mains. Le silence était tombé après l'empoignade, jusqu'à ce qu'une mésange lance un cri hésitant. Une corneille observait la scène depuis un bouleau, comme si elle attendait son heure pour picorer les viscères.

— Ça va aller, pour le cochon ? dit Linda.

— Ouais. Vaut mieux le faire quand ils sont jeunes, mais je viens juste de l'avoir.

— Vous élevez des cochons ?

— Oui, c'est récent. J'aide les gens avec leurs animaux. Une sorte de vétérinaire officieuse. S'ils ont pas d'argent, ils me paient autrement. C'est comme ça que j'ai eu ceux-là.

— Où est-ce que vous avez appris à faire ça ?

— À l'armée. Formation médicale. Si on peut soigner un humain, on peut soigner un cochon ou une vache. C'est plus dur avec les animaux. On peut pas leur expliquer les choses.

— Ça vaut aussi pour certains humains.

Janice rit, puis s'interrompit comme si le son avait été brusquement rebouché. Elle utilisa l'arrière du canif pour racler la boue sur ses manches.

— Vous avez du nouveau au sujet de papa ? dit-elle.

— Je fais de mon mieux. Vous étiez proches ?

— Pas vraiment. On se ressemblait trop. Je passais une ou deux fois par semaine, surtout pour lui déposer à manger.

— Est-ce qu'il a évoqué des ennuis ?

— Non, mais c'était pas le genre. Il aimait pas que je me fasse du souci pour lui, il voulait pas être un poids. Je veux dire, il était content des plats que je lui apportais, mais il aimait pas que je le fasse. C'était son côté bourru.

— On n'a pas retrouvé son téléphone portable.

— Il en avait pas.

— Vous êtes sûre ? Il y avait un fixe dans la maison, mais il était débranché.

— Il payait pas les factures. Il disait que si on voulait lui parler, il suffisait de rouler jusqu'ici pour le trouver. Faut croire que quelqu'un l'a pris au mot.

Janice essuya la lame du canif sur sa manche, le replia et le rangea. Elle longea la clôture, éprouvant sa résistance pour voir si les ruades du cochon avaient détendu le grillage.

— Autre chose, dit Linda. Il y avait chez lui un poulailler et un demi-sac de paille fraîche. Mais pas de poules. Je me demande ce qui leur est arrivé.

— Il adorait ces poules. Il avait huit pondeuses. Il leur avait toutes donné un nom – Glace à l'eau, Baignoire, Flora, Vera, Tête de Fraise. J'ai oublié les autres. Un renard les a tuées. Ça lui a fichu un sacré coup. Et puis il a eu un coq, un petit. Il trouvait ça bizarre, un coq sans poules, mais ça lui remontait le moral. Il dorlotait ce piaf comme si c'était un cheval de concours. J'imagine qu'il compensait pour les poules qu'il avait perdues.

— On n'a pas retrouvé le coq.

— Vous pensez que quelqu'un l'a volé ?

— Je ne sais pas quoi penser. J'essaie de comprendre, c'est tout. Vous possédez un fusil ?

— Je possède aucune arme.

— Vous pensez que quelqu'un en voulait à votre père ?

— On parlait pas de ces trucs-là. Il travaillait dans les voitures de course. Les gars du milieu en savent peut-être plus.

— Des femmes dans sa vie ?

— Non. Maman est morte et il a renoncé à tout ou presque. C'était un homme triste qui vivait seul avec ses poules.

Linda acquiesça, la remercia et retourna à son 4x4. Au coin de la maison, elle se tourna pour la saluer mais Janice avait disparu. Linda se fit la réflexion que Janice était une femme triste qui vivait seule avec ses cochons.

Elle rejoignit la route principale et contacta Sandra pour la prévenir qu'elle se dirigeait vers la maison de Leo Gowan, le premier voisin de Pete. Tout en roulant, elle se remémora un rencard dans un restaurant de Lexington qui servait des animelles d'agneau frites. L'homme, Barton ou Bert, un nom dans ce goût-là, avait insisté pour prendre son Humwee, dont il était ridiculement fier. Linda avait trouvé ça grotesque. La hauteur, le côté absurdement ostentatoire, mais surtout la qualité du véhicule lui-même – bruyant, cahoteux et lent. Elle avait un mal de dos comme une rage de dents quand ils étaient arrivés au restaurant. Les animelles étaient en fait des testicules de moutons coupés en tranches, panés et frits. Elle avait pris deux petites bouchées par politesse. Son rencard – Bateman, ça lui revint d'un coup – avait englouti trois portions et fini celle de Linda tout en la gratifiant d'une anecdote sur des "huîtres des Rocheuses" qu'il avait consommées dans un festival au Montana et qui n'étaient autres que des testicules de taureau. Il lui montra la preuve sur son téléphone – une photo de lui tenant une bière et portant un T-shirt avec le slogan : SOIRÉE ENTRE COUILLES ! Il lui avait expliqué que manger des rognons blancs exacerbait sa virilité et avait proposé un dernier verre dans le bar d'un motel à deux pas. Linda avait accepté. Tandis qu'il garait son gros machin ridicule, entreprise fastidieuse en raison du rayon de braquage élevé, Linda s'était présentée à la réception du motel, avait appelé un taxi et lui avait demandé de la retrouver au Waffle House deux rues plus loin. La course jusqu'à Rocksalt lui avait coûté cent quatre-vingt-dix dollars. Il lui avait fallu deux mois pour effacer l'ardoise de sa carte de crédit mais elle s'en fichait – chaque cent en valait la peine.

Linda avait toujours su qu'elle était plus intelligente que la plupart des hommes, ce qui ne voulait pas dire grand-chose quand on parlait d'un groupe de gens convaincus que manger des couilles d'animaux améliorait leur vie sexuelle. Les hommes étaient des crétins qui abusaient des femmes et s'entretuaient. Linda ne comprenait pas très bien pourquoi elle les appréciait. Peut-être qu'elle ne les appréciait pas mais qu'elle se sentait seule.

Le GPS intégré la conduisit à un carrefour en T, mais sans lui donner d'indication sur la direction à prendre. L'adresse ne figurait pas dans leur base de données. La technologie capitulait. Elle prit à gauche et roula quelques kilomètres, à l'affût du moindre embranchement, puis fit demi-tour et partit dans l'autre sens. Vingt minutes plus tard, elle avisa une boîte aux lettres partiellement dissimulée par les fleurs blanches d'un faux camélia. Elle suivit une route de terre le long d'une coulée creusée par la pluie à flanc de colline. La route bifurquait à l'est sur une pente raide avec un large accotement en bas. Elle s'arrêta, descendit du 4x4 et étudia les ornières. Elles étaient assez sèches pour lui permettre de monter en première. Elle passa en quatre roues motrices et entama une lente ascension. La lumière du soleil mouchetait la route avec les ombres des feuilles, comme un kaléidoscope mouvant. Au sommet, la route décrivait un virage serré le long d'une étroite crête où les arbres et les buissons avaient été dégagés. Un 4x4 GMC était garé devant une petite maison, à côté d'une Ford Fusion. Les deux avaient des plaques du comté d'Eldridge.

Linda s'arrêta et confirma sa localisation auprès du central. La liaison était mauvaise, pleine de parasites, mais elle jugea que l'essentiel du message était passé. Elle sortit du 4x4 et marqua une pause, au cas où les Gowan auraient des chiens. Elle avait dû en neutraliser deux au gaz lacrymogène, geste pour lequel elle culpabilisait encore – c'était pire que de devoir assommer un homme ivre qui cherche la bagarre. Le seul son alentour était le bruissement des feuilles dans les hautes branches. Elle s'approcha de la maison, prête à s'arrêter à cinq mètres pour interpeller ses occupants. Des cris lui parvinrent depuis l'intérieur, un homme et une femme, leurs voix montant de volume. Linda se figea, attendant que la dispute se termine ou qu'un des deux quitte la maison. Au lieu de quoi, elle entendit la détonation nette d'une décharge de gros calibre. Elle commença à courir vers la maison, main sur son holster pour déverrouiller la rétention. Un enfant hurla à l'intérieur et Linda dégaina son arme de poing, monta les marches en courant et poussa la porte. Une nouvelle détonation retentit dans l'espace confiné et elle éprouva une douleur terrible. Elle vacilla contre le montant. Un éclair la parcourut de la jambe à la poitrine. Elle chancela et essaya de se cramponner à son arme. Elle y voyait flou et ne savait pas si la maison était plongée dans la pénombre ou si sa vision la trahissait. Comme si cela se passait très loin d'elle, elle entendit un bruit sourd et s'aperçut qu'elle était tombée.

Elle comprit qu'on lui avait tiré dessus et sut que si la balle avait touché une artère elle succomberait à l'hémorragie en quelques minutes. Elle devait retourner à sa voiture. Elle se poussa sur ses genoux, grimaçant de douleur, et se mit à ramper vers l'extérieur. La Ford Fusion s'éloignait. Elle voulut crier, mais avait besoin de conserver son énergie pour le long chemin jusqu'à son véhicule.

9

DEUX vautours observaient Mick, juchés sur une branche basse, tournant la tête de temps à autre pour surveiller d'éventuels concurrents sur la dépouille de Hack Darvis. Mick lança une pierre qui toucha la branche. Il sourit quand les oiseaux levèrent leurs ailes, décrivirent un vaste cercle dans les airs et se perchèrent sur un arbre quelques mètres plus loin. Il avait fait exprès de viser la branche et pas les vautours, préférant les effrayer que les blesser.

Enfant, Mick avait passé des heures à peaufiner son talent de lanceur de pierre. Le plus important était le choix de la pierre – le poids devait être aussi bien réparti que possible, sans protubérance risquant d'entraver sa pénétration dans l'air. La taille d'une balle de golf était idéale pour ses petites mains. Pendant un temps, il avait utilisé des pierres pour chasser l'écureuil, avec un succès mitigé. Lorsque son grand-père avait eu vent de cette entreprise, il lui avait appris à tirer avec une .22 long rifle. Il gagnait en portée et en précision, mais, s'il manquait son coup, le bruit faisait fuir l'écureuil. À neuf ans, il préférait les pierres.

Un troisième charognard vint se poser sur l'argile jaune et ébouriffa ses plumes. Il fit deux pas vers le corps, puis s'envola dans les airs en entendant un klaxon. Les autres vautours s'éloignèrent et Mick se leva. Le klaxon produisit une série de signaux, court-court-court, puis long-long-long, et Mick reconnut le code morse. Il se hâta de remonter la pente. Johnny Boy arrivait à toute allure sur la route de terre, toujours klaxonnant. Il s'arrêta et fit signe à Mick.

— Linda a pris une balle, dit-il.

— Grave ?

— Je sais pas. L'ambulance est en route.

— Merde.

— Elle sera à l'hôpital quand on y arrivera. Viens.

— Non, dit Mick. Je prends ta voiture.

— Faut qu'on y aille tous les deux.

— C'est une scène de crime. C'est toi le shérif maintenant. Tu dois rester.

Mick ouvrit la portière côté conducteur et Johnny Boy en sortit, soudain accablé par les responsabilités. Mick effectua un demi-tour serré et accéléra. Le bruit du moteur s'estompa, remplacé par le chant des oiseaux.

Johnny Boy inspira, redressa ses épaules et contourna la maison pour descendre la pente. Trois vautours entouraient le corps. L'un d'entre eux donna un coup de bec hésitant à la jambe du mort, juste au-dessus de la botte. Johnny Boy dégaina son arme et fit feu pour la première fois de sa carrière. Les trois volatiles s'envolèrent gauchement et disparurent dans le ciel. Johnny Boy rangea son pistolet et regarda autour de lui. Il n'avait ni moyen de transport ni radio. Il était son propre renfort et il avait manqué un oiseau à distance rapprochée. Un mauvais départ en tant que shérif.

Une vague piste plongeait dans la colline, assez large pour un quad, mais il ne vit aucune trace de pneus récente. Il distingua les contours d'une empreinte de pas dans la terre. Au bas de la pente, il y avait un ruisseau asséché avec de la terre poudreuse sur les bords, puis une couche de gravillons. Les empreintes de pas se détachaient dans la terre meuble et Johnny Boy les photographia une par une. Il traversa le lit du ruisseau jusqu'à un étroit chemin qui s'achevait sur une route de terre. Les empreintes de pas s'arrêtaient à la route, à côté de traces de pneus. Le véhicule était venu depuis le nord, puis il avait fait demi-tour. Johnny Boy photographia les traces de pneus sous plusieurs angles, avec des gros plans sur les plus profondes. Il trouva une empreinte de chaussure intacte, avec un nom de marque et une pointure – Iris 38 – et la photographia plusieurs fois.

Les traces de pneus remontaient la colline et s'arrêtaient à l'endroit où un arbre renversé par le vent avait bloqué la piste. Quelqu'un avait tronçonné deux parties du tronc pour permettre le passage du véhicule. La sciure était humide mais encore jaunâtre, indiquant que l'opération remontait à quelques jours seulement. Johnny Boy photographia la sciure et les rondins coupés. Il repartit en bas de la colline, traversa le ruisseau et remonta chez Hack en marchant lentement sur le bord de la piste. Il était content d'être seul et que personne n'ait assisté à son premier acte en tant que shérif – tirer sur des oiseaux avec son arme de service. Son moral était au plus bas. Il n'avait rien d'autre à faire que d'attendre Marquis Sledge, le coroner du comté.

Avec les plus grandes réticences, il retourna à la remise et dégota de petits bouts de corde et une longue bande de cuir provenant d'un vieux harnais. La caisse à serpent comportait deux fermoirs soigneusement rabattus, mais il l'attacha quand même avec des gestes méticuleux, comme s'il manipulait des œufs ou un nourrisson. De l'intérieur lui parvint un bruit sourd, mais aucun cliquetis de crécelle. L'angoisse lui serra la poitrine. Il se sentait vide et distant. Mais il était shérif à présent, qu'il le veuille ou non, et le serpent était une preuve. Preuve de quoi, il ne savait pas, mais son travail était de sécuriser le périmètre et de veiller sur le corps. Il posa la caisse sur la table et alla attendre dehors.

10

Mick fonça vers la ville avec la barre lumineuse allumée. Deux voitures se rangèrent pour le laisser passer et il faillit emboutir un pick-up qui roulait au pas avec une remorque à bétail. À Rocksalt, il grilla deux feux rouges, déboula sur le parking de l'hôpital et se gara devant les doubles portes des urgences. Il se précipita vers la vitre en plexiglas de la réception.

— Linda Hardin, dit-il. Je suis son frère.

— Elle est en soins intensifs.

— Son état ?

— Critique. C'est tout ce que je sais. Vous pouvez vous asseoir. Le médecin viendra vous parler quand il aura terminé.

Mick commença à faire les cent pas, puis il s'assit pour économiser son énergie. Le siège offrait un confort institutionnel, ce qui était déjà mieux que le mobilier militaire. En face de lui, un homme somnolait. Une femme avec un nourrisson regardait dans le vide, comme si elle contemplait une autre dimension dans laquelle

elle n'était pas en train d'attendre à l'hôpital la boule au ventre.

La porte coulissante du parking s'ouvrit et deux hommes entrèrent – Chet Logan, le chef du département de police de Rocksalt, et Larry Slocum, le nouveau maire de la ville. Mick leur adressa un signe de tête. Il était au lycée avec Chet, qui boitait légèrement depuis une blessure par balle à la hanche dix ans plus tôt. Chose curieuse, ce handicap avait dopé sa carrière. Incapable de retourner sur le terrain, il s'était révélé derrière un bureau et avait récemment été promu chef.

— Comment va-t-elle ? demanda Chet.

— Je ne sais pas. Elle est toujours en réa. Ils veulent pas m'en dire plus.

— Ils me le diront, à moi.

Chet dépassa la réception et emprunta le couloir jusqu'à la salle des infirmiers. Le maire possédait une concession automobile et avait conservé les manières d'un représentant de commerce de province, avide du moindre bavardage susceptible de créer du lien à court terme. À part le proviseur du lycée, il était le seul homme de la ville à porter un blazer en toute occasion.

— Ça va, vous tenez le coup ? dit-il.

Mick l'ignora. Ce genre de question cliché l'avait toujours agacé. Elle n'appelait pas vraiment de réponse parce qu'elle n'était posée que lorsque les circonstances l'exigeaient. La réponse polie était "on s'accroche", ou autre platitude débile. C'était comme aller demander au seul survivant d'un crash aérien si tout allait bien.

— Elle va s'en tirer, dit le maire. Elle a les reins solides.

— Vous la connaissez ?

— Ouais, on est sortis ensemble avant que je sois marié.

Mick hocha la tête. Sa sœur était sortie avec tous les partis possibles du comté d'Eldridge. Beaucoup d'entre eux étaient des crétins qu'elle n'avait jamais revus après le premier rendez-vous, et il se demanda si le maire en faisait partie. Il sentit l'abattement le gagner, une sensation familière qu'il bannit aussitôt.

Chet Logan revint lentement à la salle d'attente, stoïque.

— Elle va s'en sortir, dit-il. Cinq minutes de plus et elle se vidait de son sang.

— Son état est stable ? dit Mick.

— Toujours critique. Ils l'ont transférée au bloc. Le toubib dit qu'il y a des lésions tissulaires importantes causées par une balle dans le tibia gauche. Il va lui falloir des fixateurs externes.

— Plaît-il ? fit le maire.

— Des broches au tibia, expliqua Mick. Ils vont pouvoir sauver la jambe ?

— Il y a un chirurgien orthopédique avec elle au bloc, dit Chet. Ils risquent de devoir amputer sous le genou. Le cas échéant, ils la transfèreront d'urgence à Lexington. L'hélico est sur le pont.

— Ils ont un orthopédiste ici ?

— Ouais. Il faisait sa visite hebdomadaire quand Linda a été admise. Coup de bol.

Mick fit la moue. La chance était toujours à double tranchant. On pouvait avoir son toit emporté par une tornade et les voisins disaient qu'on avait eu de la chance de ne pas perdre plus. C'était facile d'être optimiste au sujet des malheurs des autres.

— Qui s'occupe de la scène de crime ? dit Mick.

— J'ai envoyé un homme assister Johnny Boy.

— Johnny Boy y est pas. Il est chez Hack Darvis. Hack est mort. Fusil, à première vue. Johnny Boy peut pas être partout.

— J'envoie aussi un homme chez Hack.

Chet sortit de l'hôpital en tirant un téléphone de sa poche. Le maire bondit de son siège, comme tracté par une corde invisible.

— Je vais contacter la police de l'État, dit-il. Bon courage, Mick. Ces prothèses de jambes qu'ils font aujourd'hui, c'est de l'or. Mon neveu en a une. Y a une espèce de lame incurvée au bout, qui rentre dans une chaussure. Il peut faire de la course à pied avec.

Le maire s'en alla et Mick fut soulagé d'avoir un moment pour lui. Il s'était trouvé une bonne dizaine de fois dans cette position – attendre des informations médicales sur un blessé – mais jamais pour un membre de sa famille. La peur soudaine de perdre Linda le glaça jusqu'à la moelle. Il repoussa cette sensation et la rangea dans une boîte. C'était hors de son contrôle. Il traiterait le cas de sa sœur comme n'importe quel autre.

Linda était allée interroger les voisins de Pete Lowe, ce qui augmentait la possibilité que l'incident soit lié à la mort de Pete. Mais Pete Lowe et Hack Darvis avaient été tués par un fusil à distance rapprochée. Pourquoi le tueur aurait-il changé d'arme pour tirer sur Linda ? Peut-être qu'il s'était débarrassé du fusil. Ou qu'il avait plusieurs armes. Une chose était sûre – le type était un amateur et Mick était un professionnel. Il le retrouverait. Si Linda mourait, il le tuerait. Si elle y laissait une jambe, il lui arracherait le genou.

Il secoua la tête rapidement pour chasser ces pensées. La colère aidait à se focaliser, la fureur pouvait pousser à l'action, mais le courroux était un piège qui provoquait des erreurs. Il prévint la réceptionniste qu'il sortait. Elle lui demanda son numéro de portable et il réalisa que le téléphone était dans son pick-up au bureau du shérif.

Chet était dans sa voiture de patrouille, une main tenant le micro de la radio, l'autre son portable. Il parlait à l'un, puis à l'autre. Le crépuscule était descendu sur les collines à l'ouest, changeant les arbres en noires silhouettes de velours. L'air était calme dans l'étroite vallée qui entourait la ville. Deux hommes fumaient des cigarettes à côté d'un pick-up. Chet ouvrit la portière, pivota sur le siège avec précaution et posa ses deux pieds sur l'asphalte afin de se lever. Mick l'observa, espérant que sa sœur n'aurait pas à apprendre à faire pareil.

— Comment elle va ? dit Chet.

— Aucun changement il y a une minute.

— Tu dois savoir un truc. La maison où elle était, il y a un corps là-bas. Un homme. Une balle dans les poumons.

— C'est elle qu'a tiré ?

— Trop tôt pour le dire. On a retrouvé son arme de service. On sait pas encore si elle a été utilisée, ni combien de fois.

— Du sang dessus ?

— Ouais.

— Bien. Ça veut dire qu'elle avait dégainé quand on lui a tiré dessus. Vous avez identifié le corps ?

— Un certain Leo Gowan. C'est sa maison. Tu crois que ta sœur le connaissait ?

— Je sais pas. Elle enquêtait sur le meurtre de Pete Lowe.

— C'est quoi ce bordel, Mick ? On a trois morts et une shérif blessée.

— Aucune idée. Faut que j'y retourne.

Ils marchèrent jusqu'à l'entrée, Mick avançant lentement pour s'adapter à l'allure de Chet, qui balançait légèrement sa jambe de côté à chaque pas.

— T'en fais pas, dit ce dernier. Ça, c'est parce qu'on m'a tiré dans la hanche. Elle va pouvoir remarcher normalement.

— Qu'est-ce que le maire fout ici, au fait ?

— Oh, il fourre toujours son nez partout au cas où la presse débarquerait. Le *Rocksalt News* a mis la clé sous la porte, mais ça ne l'empêche pas de continuer.

— Je peux t'emprunter ton téléphone une minute ?

Chet le lui tendit. Mick appela Raymond et lui demanda d'apporter son pick-up à l'hôpital. Raymond écouta, grogna et raccrocha. Dans la salle d'attente, le maire parlait à trois personnes à la mine interdite. Il pivota vers Mick et Chet.

— Bonne nouvelle, dit-il. Ils ont sauvé la jambe. Elle reste ici.

— Toujours au bloc ? dit Mick.

— Excusez-moi une minute, dit le maire.

Il s'écarta, passa trois doigts dans ses cheveux pour les recoiffer et remonta son pantalon. Devant la porte des urgences était garé un camion-régie d'*Action News*, de Lexington. Un cadreur vérifiait son équipement tandis qu'une jeune reporter s'affairait à redresser ses épaules et à ajuster les revers de sa veste.

— Comment ils sont arrivés aussi vite ? dit Mick.

— Ça fait une heure et demie, dit Chet. À mon avis, c'est le maire qui les a appelés.

— J'ai perdu la notion du temps. J'ai l'impression qu'il s'est passé trois minutes. Ça ne m'était jamais arrivé.

— Ta sœur ne s'est jamais fait tirer dessus non plus. Je vais sur la scène de crime. L'opération risque de durer un moment. Essaie de te reposer si tu peux.

Mick acquiesça. Chet partit, avançant avec détermination sur le carrelage abîmé. Des éclats de voix retentirent dans un coin de la salle d'attente. Un médecin en blouse donnait de bonnes nouvelles à huit membres d'une même famille au bout du rouleau. Mick perçut leur soulagement. Il espéra brièvement la même chose, mais il avait appris la futilité de l'espoir dans le désert. L'espoir portait les gens quand ils étaient en situation d'impuissance – incarcérés, blessés, ou pris au piège. C'était le désir que les choses changent dans le futur, des circonstances hors de contrôle. Mick voyait l'espoir comme l'autre face du découragement, un autre état mental à éviter, une autre leçon de la guerre.

Il gagna le parking. Un étourneau solitaire se percha sur un érable du Japon qui poussait sur un carré de gazon. Il observa l'oiseau, le salua intérieurement. L'oiseau espérait-il trouver un ver ? Non, il guettait aussi bien la nourriture que le danger. Si quelque chose donnait de l'espoir à Mick, c'étaient les oiseaux, leurs os pneumatisés et leur insensibilité à la pluie.

Il vit son pick-up arriver dans le parking. Raymond en sortit et vint à sa rencontre avec une boîte de nourriture et son portable.

— Comment va-t-elle ? dit-il.

— Elle est au bloc.

Mick prit le téléphone et consulta ses messages – rien. Dans le passé, il en aurait été soulagé. Aujourd'hui, il se sentait désemparé. Mais bon, Raymond se tenait devant lui et Linda était sur le billard. Elle s'en sortirait. Mick descendit le hayon du pick-up. Raymond s'assit avec lui tandis qu'il mangeait trois tacos, les jambes pendouillant comme celles d'un enfant sur un banc.

Ce qu'il voulait, c'était du bourbon, la meilleure méthode de gestion du stress – et la pire de toutes. Cela faisait longtemps qu'il n'avait pas bu, et il imagina le premier shot lui engourdir le palais, réchauffer son torse et envoyer dans ses jambes des décharges d'électricité qui ricocheraient sur ses pieds et remonteraient à sa poitrine. C'était une sensation fabuleuse, une des meilleures qui soient. Ensuite il essaierait de la revivre avec un nouveau shot, puis un autre et un autre encore, jusqu'à ce que la bouteille soit terminée et qu'il regrette de ne pas en avoir acheté deux. Il adorait ça, raison pour laquelle il essayait de ne pas boire. D'un point de vue pratique, un hôpital était le pire endroit pour être saoul. Et le meilleur ? Seul dans les bois la nuit. Un petit feu, une chaise pliante, deux bouteilles et rien à faire le lendemain.

Mick et Raymond entrèrent et s'assirent dans un coin de la salle d'attente, loin des autres. Deux heures passèrent. Raymond somnola, suivant la maxime des marines de se reposer quand on le pouvait. Mick mit ses pensées en veille. Il avait appris cette technique lors des longs vols de transport de troupes, puis pendant les bivouacs précédant une attaque. C'était une sorte de repos actif qui faisait passer le temps plus vite et réduisait l'angoisse et la peur. La clé était de respirer lentement, l'expiration plus longue que l'inspiration.

Johnny Boy arriva, les bottes boueuses, le visage tiré et fatigué.

— Du nouveau ? dit-il.

Mick secoua la tête. Johnny Boy alla à la réception. Mick pouvait entendre sa voix tendue par l'urgence. Quelques minutes plus tard, Johnny Boy revint et s'affala sur une chaise attachée à une autre. Mick se demanda vaguement si c'était une mesure de sécurité – si on en volait une, il fallait voler les deux.

— Elle a passé le plus dur, dit Johnny Boy. Encore deux heures au bloc, puis ils la mettent dans une chambre. Sous sédation pendant au moins quatre heures après. Rien d'autre à faire que d'attendre.

— Merci, dit Mick. Du nouveau sur la scène de crime ?

— J'y suis pas encore allé. Je suis venu ici dès que Marquis a prononcé le décès de Hack et qu'il a fait ses trucs de légiste. En bas de la pente derrière la grange, il y avait des empreintes de pas et des traces de pneus. Je pense que quelqu'un s'est garé, qu'il est monté à pied et qu'il a abattu Hack.

— Chet est chez Gowan. Il dit qu'on a trouvé un corps là-bas.

— C'est ma prochaine étape. Je voulais d'abord prendre des nouvelles de Linda.

— J'y vais aussi, dit Mick.

— La police de l'État est sur place. Ils te laisseront pas entrer.

— Alors nomme-moi adjoint.

— Je peux pas faire ça, Mick.

— C'est toi le shérif, Johnny Boy. Tu peux nommer qui tu veux. Je suis l'enquêteur le plus expérimenté du comté.

Mick le regarda considérer l'idée, la décomposer mentalement de manière pragmatique. Une douzaine de raisons disaient non – les liens de parenté de Mick avec la victime, la relation qu'ils entretenaient, son instinct de vengeance typique des collines. En même temps, Johnny Boy avait besoin d'un adjoint en urgence.

— Adjoint à titre provisoire, dit-il.

— Merci, dit Mick. Il va me falloir un insigne pour passer.

Johnny Boy décrocha le sien et le lui tendit.

— Prends celui-ci. Je vais récupérer celui de Linda. Il te faut une arme.

— J'ai.

— Je sais que t'aimes jouer les francs-tireurs, Mick. Tu peux pas faire ça quand tu bosses aux frais du contribuable.

Mick acquiesça.

— Je suis sérieux, Mick.

— Je rapporterai toute information dont j'aurai connaissance au cours de mes investigations, shérif Tolliver.

— Je te rejoins là-bas. Je dois passer au bureau et dire à Sandra de préparer le dossier.

Johnny Boy se leva et se tint droit, adoptant une posture qui seyait au premier membre des forces de l'ordre du comté, puis se dirigea vers son véhicule. Raymond secoua la tête et siffla entre ses dents, un son perçant dans l'acoustique feutrée de la salle d'attente.

— Adjoint au shérif, putain. T'es là depuis quoi, deux jours ? Et t'as déjà un job.

— J'aurais besoin d'un chauffeur.

— OK. Je vais demander à J.C. de venir attendre ici.

Raymond passa l'appel tandis qu'ils quittaient l'hôpital. Mick grimpa dans le pick-up, réalisant que c'était la première fois depuis son adolescence qu'il montait sur le siège passager. Il se remémora la fois où il avait utilisé la boîte à gants comme tablette pour une bouteille d'Ale-8 et un cupcake. Quand son grand-père avait accéléré, le soda et le cupcake s'étaient renversés sur son pantalon. Papaw avait ri à en perdre haleine, puis il était retourné au magasin lui acheter un nouveau goûter.

Mick ouvrit la boîte à gants pour prendre son pistolet de l'armée, un Beretta M9. D'un geste mécanique, il éjecta le chargeur, vérifia le canon, réenclencha le chargeur et mit le cran de sûreté.

— On va où ? dit Raymond.

— Prends la 60 pour sortir de la ville. Tourne au niveau de l'ancien drive-in. C'est à la limite du comté.

Raymond roula sans parler. Le soleil de fin d'après-midi était visible au-dessus de la limite des arbres à l'ouest, la colline projetant une ombre qui s'allongeait sur la terre comme pour étouffer des flammes. Raymond n'avait jamais aimé le bavardage. Entre sa mère et Juan Carlos, on lui demandait rarement de parler, juste de suivre des instructions. Il jeta un regard au visage tendu de Mick, la mâchoire serrée, les yeux brûlant comme un haut-fourneau. Raymond espérait que Linda allait s'en sortir – pas pour elle ou pour son frère, mais pour protéger le monde de la fureur destructrice de Mick.

À l'approche du comté d'Elliott, il remonta la colline et longea la crête, abandonnant le vallon plongé dans la pénombre. Le soleil couchant éclaira le sommet de la colline, envahi de véhicules officiels. La barre lumineuse d'un véhicule de la police de l'État clignotait tels des néons dans une discothèque. Trois secouristes étaient adossés à une ambulance. Des projecteurs sur pied éclairaient deux bandes de ruban délimitant un chemin ensanglanté qui traversait le jardin pour s'achever devant le 4 x 4 de Linda. La portière était ouverte. Une flaque sombre scintillait sous le plafonnier. Sa sœur avait rampé jusqu'à son véhicule pour appeler le central.

Il avait beau avoir vu des litres d'hémoglobine à la guerre, Mick ne se souvenait pas de la dernière fois où il avait vu du sang de sa famille. Une sensation de détresse lancinante le traversa, vite remplacée par la colère. Il préférait la colère, sur laquelle il pouvait avoir un certain contrôle. Il s'autorisa à la ressentir, puis il mit ses émotions de côté comme s'il les enfermait dans un bunker et avança vers la maison.

Un jeune policier municipal tenta de lui interdire l'entrée. Mick lui présenta son insigne et demanda à voir Chet, sachant que l'emploi du prénom du chef produirait son petit effet.

— Dedans, dit le policier. (Il désigna Raymond.) C'est qui, lui ?

— Adjoint spécial.

Le sang recouvrait les marches du porche, avec une empreinte de chaussure dessus. Mick passa par le côté pour grimper sur le porche et se glissa sous la balustrade en bois. Raymond le suivit. Une fois à l'intérieur, Mick présenta son insigne au policier de l'État en uniforme gris foncé, le pli de son pantalon impeccablement repassé. Le policier de l'État n'accorda aucune considération à Mick, un modeste adjoint. La traînée de sang qui conduisait à l'autre bout du jardin commençait juste derrière la porte. À quelques pas gisait le corps d'un homme. Il était recroquevillé au milieu du salon, les jambes en travers d'un tapis. Une flaque de sang s'était formée sous lui, avec de petits ruisseaux qui coulaient dans les fissures du parquet. La gravité avait dirigé le sang vers le centre, ce qui signifiait que le sol n'était pas droit. Sans doute de la pourriture brune dans les solives.

Marquis Sledge, le coroner du comté, était accroupi devant le corps. Il semblait fatigué – il était venu directement depuis chez Hack. Veillant à ne pas le déranger, Mick se courba en deux pour étudier le corps, assemblant dans son esprit une séquence possible d'événements. Différents scénarios se présentèrent, tous avec la même issue – l'homme mourait et Linda vivait.

Il se leva et se trouva face à Chet, qui se tenait avec le sergent Faron Blevins dans l'entrée de la cuisine. Mick avait rencontré le sergent deux ans plus tôt, un policier plutôt compétent, mais inexpérimenté en matière d'homicide. Les meurtres étaient rares à Rocksalt et, quand ils advenaient, c'était généralement le fait d'un proche ou d'un voisin et tout le monde savait qui était le coupable.

— Johnny Boy nous a prévenus que tu venais, dit Chet. Faron était le premier sur la scène.

— Vous avez trouvé quoi ? dit Mick.

— Guère plus que ce que tu vois, dit Faron. Linda s'est fait tirer dessus ici. Elle a rampé jusqu'à son véhicule et a appelé le central.

— C'est qui, par terre ?

— Leo Gowan. C'est sa maison. Transporteur de gravier, basé dans le comté de Morgan. Je pense que c'est lui qu'a tiré sur Linda. Elle a riposté et l'a tué.

— Je vais jeter un œil, dit Mick. Vous connaissez Raymond. Il est avec moi.

— Il est adjoint, lui aussi ?

— Informel. Raymond, préviens-moi quand Marquis aura terminé. Il faut que je lui parle.

Mick alla à la cuisine. L'évier était vide. De la vaisselle propre séchait sur un égouttoir en plastique, les couverts rangés par ustensile, les couteaux placés pointe vers le bas dans l'égouttoir perforé. Une cafetière. Du sucre. Une demi-miche de pain. Les placards contenaient des conserves ainsi que des céréales et des crackers. Il ouvrit le réfrigérateur – lait, œufs, soda, fromage, salami, condiments. Le congélateur renfermait des crèmes glacées, des steaks hachés et quatre glaces à l'eau. Il emprunta un petit couloir jusqu'à une chambre avec un grand lit défait. La porte de la penderie était ouverte, révélant des chemises de travail pour homme sur des cintres, une chemise de costume et une unique veste sombre avec pantalon assorti – une tenue passe-partout pour les mariages et les enterrements. Par terre, il y avait deux paires de bottes, des baskets et une vieille paire de mocassins fourrés. Un fusil de chasse calibre 12 était calé à la verticale dans un coin. Sur une étagère étroite, une boîte de cartouches jouxtait plusieurs casquettes de travail et des gants – tous bien usés.

De l'autre côté du couloir, il y avait une plus petite chambre avec un lit simple aux couvertures bien tirées. Le dessus-de-lit était en forme de voiture de sport avec des pneus sur le côté. Mick retourna à la chambre principale et fouilla la commode. Des T-shirts pour homme, des chaussettes et des sous-vêtements. Deux boîtes de munitions de calibre 45, une pleine, une remplie aux trois quarts. Raymond passa la tête par la porte.

— Marquis a terminé, dit-il.

Mick se précipita dehors et rattrapa Marquis à sa voiture.

— Vous ne devriez pas être là, dit Marquis.

— Johnny Boy m'a nommé adjoint.

— Ça change rien. Vous n'avez pas le recul nécessaire.

— Qu'est-ce qui l'a tué ?

— Une seule balle dans la poitrine. Je dirais qu'elle a touché les deux poumons, causant un pneumothorax suffocant.

— Donc double pneumo ?

— Juste une supposition. Impossible à confirmer avant examen.

— Vous avez trouvé une arme sous le corps ? Un .45 ?

— Pas d'arme.

— Et pour Hack Darvis ?

— Fusil, distance rapprochée.

— Le même qui a tué Pete Lowe ?

— Aucun moyen de le savoir. Il faut que je file. Je suis lessivé. Vous avez intérêt à sortir d'ici avant qu'on vous mette dehors.

Mick se retourna vers la maison, surpris de trouver Raymond à moins d'un mètre de lui.

— Tu joues les commandos, ou quoi ?

— Non, mec. Je veille à ce que tu partes pas en vrille.

— Je suis jamais parti en vrille de ma vie.

— Y a un début à tout.

Une paire de phares grimpèrent le long de la crête, arrivèrent au sommet de la colline et transpercèrent le jardin.

Mick et Raymond se détournèrent, clignant des yeux. Le véhicule s'arrêta et une portière claqua. Johnny Boy traversa le jardin d'un pas lent et assuré, une ligne droite dans l'herbe.

— Elle est toujours au bloc, dit-il. Du nouveau ici ?

— Marquis vient de terminer, dit Mick. Gowan a été tué par une arme de poing. On n'a pas retrouvé de pistolet, mais il y a des munitions de .45 à l'intérieur. Et un fusil calibre 12.

— C'est un fusil qui a tué Pete Lowe et Hack Darvis. Peut-être que tout ça est lié.

Mick acquiesça. Johnny Boy désigna la voiture du policier de l'État, une Chevrolet Caprice gris foncé.

— Il sert à quelque chose, le policier de l'État ? demanda-t-il.

— Je sais pas. Il a pas bougé ni bronché depuis que je suis là.

— Chet est là ?

— Ouais, lui et Faron.

Ils entrèrent dans la maison. Les secouristes avaient chargé le corps sur une civière et débattaient de la meilleure manière de le sortir sans déranger la scène de crime.

— Passez par-derrière, dit Chet.

— Vous déconnez ou quoi ? dit le chef de l'équipe médicale. Faire le tour dans le noir ? Allez savoir sur quoi on peut trébucher dans ce merdier. C'est ça que vous voulez ? Qu'on renverse le corps dans le jardin ?

— Vous pouvez pas passer par-devant à cause des preuves, dit Faron. Si ça vous plaît pas par-derrière, essayez de passer par une fenêtre.

Chet regarda le policier de l'État.

— Et si vous braquiez votre projo sur le jardin latéral ? dit Chet.

Le policier de l'État eut un léger hochement de tête, seulement discernable au mouvement de son chapeau à large bord, puis il sortit sans un mot. Faron tira une longue lampe en métal d'une boucle de son ceinturon.

— Je vous éclaire le chemin, dit-il.

Avec Chet, ils sortirent par la porte de derrière tandis que les secouristes soulevaient la civière et la portaient dans le couloir. Deux fois, elle cogna contre le mur. Quelqu'un jura à voix basse. La porte claqua derrière eux et Mick les vit traverser gauchement le jardin latéral dans la clarté aveuglante du projecteur attaché à la voiture du policier de l'État.

Mick retourna au salon et décrivit un lent cercle, imaginant ce qui s'était passé. La pièce contenait un canapé, un fauteuil et une gigantesque télévision à écran plat. Il y avait trois dessertes. Une étagère étroite avec des magazines de chasse, une bible, la photo de classe encadrée d'un jeune garçon et un camion d'enfant avec un prénom peint à la main dessus – Travis. Mick utilisa son téléphone pour photographier la position du meuble et les zones tachées de sang par terre. Il se mit à quatre pattes pour regarder sous le canapé, puis demanda à Raymond de le soulever de quelques centimètres. Il étudia les marques des pieds sur le plancher en pin.

Des pas résonnèrent, et Johnny Boy parla.

— Heureusement que le policier de l'État est dans sa voiture. Ça lui plairait pas de te voir toucher à la scène de crime.

— Qu'est-ce qu'il fout ici ? dit Mick.

— Il fait le fier-à-bras devant Chet. Il se prend pour un crack mais c'est un naze. Qu'est-ce que tu fais ?

— Je cherche une arme, dit Mick. T'en as trouvé une ?

— Non.

— Peut-être que Linda l'a prise, dit Raymond. Et qu'elle l'a perdue dans le jardin.

— On regardera aux premières lueurs, dit Johnny Boy.

— Y a un truc qui cloche, dit Mick. C'est louche.

— Qu'est-ce qui est louche ? dit Johnny Boy.

— La position du corps au milieu de la pièce. Le fait que Linda ait pris une balle sous le genou.

— Elle est rentrée et elle a tiré en premier. Il est tombé et a riposté au sol.

— Ça se peut, dit Mick. Faut que je retourne à l'hôpital.

Il partit, veillant à éviter le sang qui coagulait sur le porche. Il se dirigea spontanément vers le côté conducteur de son véhicule, avant de faire le tour. Raymond s'installa au volant et entama le long trajet vers la ville. Mick était raide comme la statue du soldat américain sur la pelouse du vieux tribunal.

— Qu'est-ce que t'as vu là-dedans ? dit Raymond.

— Pareil que toi.

— Négatif, Mick. Mon boulot, c'était de faire diversion, puis de nous exfiltrer. J'ai vu que dalle.

— On lui a tiré dans la jambe à distance rapprochée. Soit c'était un tir au hasard, soit quelqu'un qui fait exprès de viser bas, chose improbable dans une fusillade. Ou alors quelqu'un se cachait derrière un meuble. Mais ce canapé n'a pas été déplacé avant que tu le soulèves.

— Comment tu le sais ?

— Les traces des pieds par terre.

— Peut-être que Gowan a tiré depuis la cuisine.

Mick acquiesça. Ils n'échangèrent pas un mot sur le reste du trajet. À l'hôpital, Juan Carlos et Sandra étaient assis côte à côte, tous deux endormis. Juan Carlos ouvrit les yeux, cligna plusieurs fois et donna un coup de coude à Sandra.

— L'opération est finie, dit-elle. Ils vont bientôt la transférer dans une chambre. Le pronostic est bon.

— Elle va remarcher ? dit Mick.

— Il faudra beaucoup de rééducation, mais oui. Elle va s'en sortir, Mick.

Un sentiment de soulagement submergea Mick, remontant depuis ses bottes jusqu'à son torse, comme si son corps s'était changé en eau. Il chancela, puis s'affala lourdement à côté de Sandra. Il avait envie de pleurer mais savait qu'il en était incapable. Il en avait perdu la capacité dans le désert. Soudain épuisé, il ferma les yeux, comptant se reposer une minute avant de parler à un médecin. Il fut réveillé par Sandra, qui prononçait son nom.

— Mick, dit-elle. Mick, Mick, debout.

Il s'éveilla en sursaut, aussitôt sur le qui-vive, comme parcouru par un courant électrique. Il regarda autour de lui, désorienté. Il était à l'hôpital. Raymond et Juan Carlos étaient partis. Il sentait que du temps s'était écoulé mais il ne savait pas si c'étaient des heures ou des minutes. Il avait connu une sensation similaire après le combat – l'euphorie de la peur qui retombait, un sommeil soudain et brutal, puis une vigilance accrue.

— Elle a sa chambre à elle, dit Sandra. Tu peux y aller.

— Combien de temps ?

— Quoi combien de temps ?
— J'ai dormi ?
— Je ne sais pas. Une heure ou deux. Viens. Tu pourras te reposer là-bas. Les sièges sont meilleurs et c'est plus calme.
Mick la suivit jusqu'à un ascenseur, puis dans un labyrinthe de couloirs jusqu'à une chambre avec une lourde porte. Linda était allongée, les yeux fermés. Sa jambe gauche était couverte de bandages. Elle portait un masque à oxygène. Des tubes reliaient ses bras à des sacs plastique suspendus à des crochets sur des pieds à perfusion. Un moniteur affichait ses paramètres vitaux. Mick approcha du lit une chaise étonnamment moelleuse et confortable et prit la main de sa sœur. La peau de Linda était pâle. Elle avait l'air toute petite dans le lit incliné, et il ne se souvenait pas de la dernière fois où il l'avait vue dormir. Sans doute quand ils étaient enfants.

11

Johnny Boy était revenu sur la scène de crime dans une montée d'adrénaline qui commença à retomber au cours de son inspection de la maison, prolongée tard dans la nuit. La police municipale et le policier de l'État étaient partis. Il était fatigué et voulait se reposer, mais ne pouvait pas s'allonger dans la maison du mort. Il s'installa dans sa voiture pour faire un petit somme et se réveilla trois heures plus tard, le corps raide comme un pacanier. Pour la première fois de sa vie, il se sentait vieux. Il passa plusieurs minutes devant sa voiture à écouter le chant continu des oiseaux matinaux. Après moins de vingt-quatre heures au poste de shérif, il était déjà prêt à jeter l'éponge.

Le bruit d'un moteur emplit les bois, réduisant momentanément les oiseaux au silence. Une voiture de la police municipale apparut et deux hommes en sortirent, Faron et un homme plus jeune du nom de Dixon, la dernière recrue. Dixon dépassait le mètre quatre-vingts, il avait les épaules carrées et les bras les plus puissants du comté. À l'occasion d'un gala de charité, il avait soulevé un générateur de cent kilos et l'avait porté plus loin que le reste de ses concurrents. Les autres participants – des jeunes athlètes et des pompiers pour l'essentiel – titubaient sous le poids de la charge, mais Johnny Boy se souvenait que Dixon marchait comme s'il tenait un simple nid d'oiseau.

À présent, il tenait un grand gobelet de café avec un couvercle et deux sandwichs à la saucisse achetés en ville. Il les tendit à Johnny Boy, qui éprouva un élan de chaleur comme il n'en avait jamais ressenti pour un autre humain, une sensation qui le préoccupa. Il but le café, content qu'il ait refroidi en chemin.

— C'est Chet qui nous envoie, dit Faron. Qu'est-ce que tu veux qu'on fasse ?

— J'ai fouillé la maison hier soir. Il reste à inspecter dehors.

— On cherche quoi ?

— Tout et rien. On ne sait pas ce qui s'est passé ni qui était présent. Il y a des munitions de .45 à l'intérieur et pas d'arme. L'arme est la priorité numéro un. Il faut que j'aille en ville pour retrouver les proches de Gowan. Il y a des affaires d'enfant ici. Je pense qu'il a une ex-femme et un petit garçon quelque part.

Johnny Boy termina les sandwichs et éclusa le café. Le mélange lui tordit les tripes et il se précipita vers la maison. Dixon l'observa.

— Pourquoi il a passé la nuit ici ? dit-il.

— Pour sécuriser le périmètre, dit Faron. Quand les gens vont apprendre que Gowan est mort, ils vont débarquer pour voler des trucs. Souviens-toi de ça. Tu devras faire pareil un jour.

Dixon avança sa lèvre inférieure dans une moue songeuse.

— Prend un long bâton, dit Faron. Longe le ruban de sécurité d'un côté, puis de l'autre. Utilise le bâton pour repousser les mauvaises herbes. Il faut passer au crible le moindre centimètre carré de ce jardin et des bois autour.

— Jusqu'où je dois m'enfoncer dans les bois ?

— Jusqu'au déjeuner.

Dixon fronça les sourcils. Il attendait une réponse en distance, mais considéra que le temps fonctionnerait aussi bien. Ça ne le dérangeait pas. Il avait grandi dans les bois et s'y sentait plus à l'aise qu'en ville. Il avait appris depuis longtemps que sa taille et sa force naturelle étaient un fardeau et une malédiction – les petits teigneux lui cherchaient des noises et tout le monde partait du principe qu'il n'était pas très futé. Il avait terminé une formation courte avec de bons résultats, avait passé haut la main le concours de la police municipale, mais savait que le département de police de Rocksalt l'avait recruté pour sa carrure. Il aurait préféré travailler pour le shérif. C'était la première fois qu'il avait l'occasion de faire bonne impression et, s'il y avait quoi que ce soit dans les bois, il le trouverait. Du reste, il était prêt à rester bien après le déjeuner.

Johnny Boy parcourut une dernière fois la maison. Le soleil s'était levé suffisamment haut au-dessus des collines pour affluer par les fenêtres côté est. L'intérieur paraissait plus grand avec toutes les ombres allongées, mais il restait modeste – quatre pièces mal entretenues. Le plâtre se détachait des cloisons, deux placards de la cuisine ne fermaient plus à cause de charnières défectueuses et leurs poignées avaient disparu.

Il devait vérifier si les balles retrouvées dans le corps de Pete Lowe et Hack Darvis étaient compatibles avec le fusil de Gowan. Il était impossible de savoir si c'était la même arme, mais il pouvait au moins comparer les calibres. Il apporta le fusil dehors, ouvrit le coffre de son véhicule pour le mettre dedans et vit la caisse verrouillée qui contenait le serpent à sonnette. Il recula instinctivement, se cogna la tête contre le coffre et faillit lâcher le fusil.

— Merde, cria-t-il.

— Qu'y a-t-il ? dit Dixon depuis les bois.

— Rien. T'as trouvé quelque chose ?

— Toutes sortes de trucs. Ils ont balancé leurs vieilleries ici pendant des années.

— Fouille tout, dit Johnny Boy. Fais deux tas. Un pour les derniers mois, un autre pour tout ce qui a l'air très récent. Ne t'embête pas avec tout ce qui est rouillé ou pourri. Cherche un .45 et des étuis de cartouches de fusil.

— Oui, chef.

Johnny Boy ne se souvenait pas de la dernière fois où quelqu'un l'avait appelé "chef", si c'était déjà arrivé. Ce n'était pas désagréable. Il utilisa sa radio pour contacter le central et invita Sandra à demander à Marquis le calibre des balles trouvées dans Hack et Pete Lowe. Elle coupa la communication et Johnny Boy se demanda si elle l'appellerait "chef" un jour. Sans doute pas. N'empêche, c'était la première fois qu'il lui donnait des instructions sans l'échange de baratin habituel. Peut-être que ce n'était pas si mal d'être shérif. Prochaine étape, le véhicule dernier cri.

Il roula jusqu'à la maison de son cousin. Caney Rodale était techniquement son cousin éloigné au premier degré, une précision apportée par la mère de Caney. À la mort de son mari, elle avait investi une partie de son assurance-vie dans un nouvel ordinateur et s'était consacrée à la généalogie amateur. Johnny Boy l'évitait. Elle se donnait des grands airs avec sa maîtrise des liens de parenté et s'était mise à dispenser des informations sous forme de critiques voilées. Elle avait dit un jour à Johnny Boy qu'il ressemblait au cousin de son grand-oncle : lent comme la fumée.

Il quitta le bitume pour une route qui longeait une rivière au fond d'un vallon. La troisième maison était celle de Caney. Les trois grandes dalles de calcaire qui conduisaient au porche s'étaient déplacées dans la terre, créant une série de potentialités de chute et de cheville foulée. Le long des dalles, il y avait un chemin d'herbe aplatie. Johnny Boy l'emprunta, monta sur le porche et cria à travers la porte moustiquaire. Caney apparut, en train de manger un corn-dog*.

— Salut Johnny Boy. On est mercredi. C'est le jour du corn-dog à la station-service. T'en veux un ? Je sais que t'aimes bien ça. Y sont encore chauds.

Johnny Boy était à deux doigts d'accepter, mais s'inquiéta que le corn-dog se chamaille avec les sandwichs à la saucisse. Il n'était pas encore tout à fait remis.

— Je passe mon tour, dit-il. Tes dalles dans le jardin, elles sont piégeuses.

— Maman m'a dit de les laisser comme ça. Comme quoi ça permet de savoir qui est de la famille ou pas. Si quelqu'un marche sur les dalles, je suis censé le mettre dehors. C'est ton véhicule de service ?

* Saucisse enrobée de pâte à frire et plantée sur un bâtonnet.

— Ouais, mais je vais bientôt en avoir un nouveau.

Johnny Boy se pencha en avant et inclina le torse afin que le soleil frappe l'insigne de shérif épinglé à sa chemise. À sa grande déception, Caney l'ignora.

— Moi aussi, je vais me prendre une nouvelle voiture, dit celui-ci. Un Ford Excruciator.

— Un quoi ?

— C'est un gros 4x4.

— Je crois pas que ce soit une vraie voiture. C'est même pas un vrai mot.

— Y a plein de voitures qui sont pas des vrais mots. Comme la Camaro.

— Pas faux. Ils voulaient l'appeler Panther au départ, mais ils ont changé pour que toutes les Chevy commencent par un C. Corvette, Corsair, tout ça.

— Panther, c'est pas mal, comme nom.

— Euh ouais, sans doute. Ça va, ta sœur ? J'ai entendu dire qu'elle avait eu des jumeaux.

— Ouaip, deux garçons. Des jolis bébés. Un poil maigrichons, rapport qu'ils ont dû partager l'espace. Mais ils grandissent vite. Maman est remontée comme une pendule.

— J'imagine que des jumeaux, ça complique ses arbres généalogiques.

— C'est pas ça. Elle s'inquiète de savoir qui ils pourraient épouser.

— Un peu tôt pour ça.

— Ben, pas pour maman. Tu sais comme elle est.

— Ça c'est clair, mon pote. C'est quoi le problème avec des jumeaux qui se marient ?

— Une femme peut tromper un frère avec l'autre. Si elle tombe enceinte, on peut rien prouver. La génétique est la même.

— Jamais pensé à ça.

— Ma sœur non plus, et elle psychote.

— Elle fait un bad trip ?

— Non, dit Caney. Ça veut dire qu'elle se fait du mouron. Les gens de la ville disent ça à la télé.

— Je tâcherai de m'en souvenir.

— Mais t'es pas là pour parler de voitures, de maman ou de télé. T'as pas envie d'un corn-dog. Donc ça doit être que ton insigne te monte à la tête.

— Je pensais que t'avais pas remarqué. Tu as devant toi le shérif du comté d'Eldridge.

— Bon, ben au moins ça va te faire planer un peu, toi qu'as jamais été défoncé de ta vie.

— La came, c'est pas ma came. Tu vends toujours des serpents ?

— Carrément. J'en ai six en ce moment. Il t'en faut un ?

Johnny Boy emmena Caney à son véhicule et ouvrit le coffre.

— Ça te dit quelque chose ?

— Nan, c'est une caisse à l'ancienne, ça. Moi je vends mes serpents dans des sacs de jute.

— Ils peuvent pas mordre à travers ?

— Si, du coup je mets le sac dans un carton à bouteilles. Si tu peux y rentrer six quilles de whiskey, un serpent peut y tenir. Tu cherches à vendre la caisse ? Emmène-la à un vide-grenier. Les gens collectionnent n'importe quoi aujourd'hui. J'ai vu des vieilles VHS partir pour pas mal d'argent.

— Nan, y a un serpent dedans. Je veux que tu y jettes un œil.

— Il est comme ça, sans protection ?

— Y a une claie.

— Quel maillage ?

— Je sais pas, Caney. Ça m'avait l'air bien serré.

— Alors pourquoi elle est cadenassée comme ça ?

Johnny Boy haussa les épaules, peu désireux d'admettre sa peur. Caney secoua la tête d'un air dégoûté, ramassa la caisse, fit le tour de la voiture avec et la posa sur le capot. Il ouvrit le couvercle sans plus de précautions que s'il décapsulait une boîte de Pringles. Le serpent s'enroula paresseusement et regarda l'humain à travers la grille.

— Il vient de chez toi ? dit Johnny Boy.

— Ouais, c'est Bethany.

— À quoi tu le vois ?

— À son aspect, surtout. Pareil que pour reconnaître un chien. Elle doit avoir trois ou quatre ans.

— Elle a sept anneaux. Ça veut pas dire sept ans ?

— Nan. Les serpents développent un anneau à chaque mue. Les jeunes grandissent vite.

— À qui tu l'as vendu ?

— À Hack Darvis.

— Pourquoi il voulait un serpent ?

— Il en voulait pas. Il cherchait du venin.

— T'en as ?

— Nan, trop d'effort. Hack voulait savoir comment l'obtenir.

— Tu lui as dit ?

— Ben ouais. On appelle ça traire, mais c'est pas comme avec une vache. Ce que tu fais, c'est que tu mets un chiffon par-dessus un bocal. Ensuite, tu fais en sorte que le serpent morde le chiffon. Le venin tombe dans le bocal au compte-gouttes. Mais il faut le faire en trois fois. Les crotales, ils ont pas des masses de venin et ils veulent pas le gâcher. Les deux premières morsures, c'est des avertissements. Si elles suffisent pas, la troisième envoie direct le poison.

— Après avoir trait le venin, comment on le conserve ?

— Au frais.

— Au frigo, par exemple ?

— Ouais, ou au congel pour du long terme. Qu'est-ce qui se passe, Johnny Boy ? T'as la trouille des serpents depuis qu'on est gamins. Et là, t'en trimballes un dans ton coffre.

— Quelqu'un a tué Hack.

— À cause de Bethany ?

— Je sais pas. Tu pourrais garder ce serpent ici ? Le vends pas avant d'avoir mon feu vert.

Caney acquiesça et ferma la caisse. Johnny Boy s'installa au volant.

— Passe le bonjour à ta sœur et aux bébés, dit-il.

Il repartit vers la ville en songeant qu'après deux heures d'enquête, il ne savait rien d'autre que la recette pour extraire du venin d'un serpent, une information qu'il ne mettrait jamais à profit. Ça expliquait le réfrigérateur dans le hangar de Hack. Peut-être que Hack cherchait à s'immuniser.

Johnny Boy n'aimait pas rouler avec moins d'un demi-plein dans le réservoir, au cas où il devrait se lancer dans une longue course-poursuite. Ça n'était jamais arrivé dans l'histoire du comté et il n'avait pas envie d'être le premier à se retrouver à court d'essence. Il s'arrêta faire le plein à un des derniers endroits qui gardaient une pompe de sans-plomb pour les engins agricoles. Il y avait tout un éventail d'outils en solde à l'intérieur, dont des raretés comme un tire-pieux et une clé de fontainier à long manche. Il acheta un Dr Pepper et un sachet de cacahouètes.

En sortant, il vit le Wagoneer bleu, le même qu'il avait aperçu dans le comté de Fleming quelques jours plus tôt. C'était aussi le même conducteur. Un homme plutôt âgé, cheveux longs et barbe broussailleuse. L'homme attendait de pouvoir rejoindre la grand-route, regardant de chaque côté, ce qui permit à Johnny Boy de bien le voir à la lumière du soleil. Il ne le connaissait pas, mais il connaissait ses traits. Le nom de Rodale flotta dans son esprit, mais il l'écarta : il venait de voir son cousin Caney Rodale. S'il avait une photo, il pourrait demander à Caney de la montrer à sa mère. Le Wagoneer s'engagea sur le bitume et Johnny Boy remarqua qu'il n'avait pas de plaque d'immatriculation. C'était un motif suffisant pour l'arrêter. Il caressa l'idée un instant, mais décida qu'il avait trop à faire – trois homicides, une shérif blessée et un long trajet à l'autre bout du comté.

Une fois chez les Reeder, il se gara à la même place que la fois précédente, ses anciennes traces encore visibles dans la terre meuble. M. Reeder était debout sur une chaise, l'avant de son corps penché au-dessus du capot ouvert du Bronco. Il semblait porter les mêmes vêtements que la veille.

— Monsieur Reeder, lança-t-il.

L'homme ne bougea pas. Johnny Boy se racla la gorge et frotta ses pieds par terre.

— Passe-moi une clé à molette, dit M. Reeder.

Johnny Boy fouilla dans la boîte à outils ouverte et en trouva deux de taille différente.

— Laquelle ? dit-il.

M. Reeder leva la tête du moteur.

— La grosse, dit-il. Je croyais que c'était Roscoe.

— Il est là ?

— Dans la maison. Vous pouvez entrer. Je parie qu'il a encore ses foutus dés à coudre dans les oreilles.

Johnny Boy lui tendit la clé à molette, alla à la porte moustiquaire et cria à travers. Personne ne répondit et il hasarda un regard. Roscoe était allongé dans un canapé, calé sur des coussins, des écouteurs dans les oreilles et les yeux rivés sur son téléphone. Sur la table basse étaient posées une assiette avec quelques miettes et une fourchette. Johnny Boy entra et donna un coup de pied dans le canapé.

— Arrête, papa, cria Roscoe, toujours concentré sur son téléphone.

Johnny Boy lui enleva un écouteur.

— Je suis le shérif, pas ton papa.

— Je croyais que t'étais adjoint.

— Je l'étais. La shérif s'est fait tirer dessus. Il faut que je te parle.

— C'est pas moi. J'ai pas quitté la maison. Demande à papa.

— Pas à ce sujet. À propos des combats de coqs.

— Je suis pas expert.

— Qui est expert ?

— Hack Darvis, je crois.

— Hack est mort.

— Hack et Pete, les deux ?

— Exact. C'est toi qui les as tués ?

— Ça va pas, non ! Pourquoi j'aurais fait ça ?

— La question vaut pour n'importe qui.

Roscoe fit basculer ses jambes par terre et dévisagea Johnny Boy, qui tapotait son insigne avec son index.

— T'as plutôt intérêt à me parler, dit Johnny Boy.

— Pourquoi ? J'ai rien fait.

— Possession du coq d'un homme mort, pour commencer. Refus d'obtempérer si tu dis un mot de plus qui me plaît pas.

— Mince, fit Roscoe. Pas la peine de jouer les cowboys comme ça. Il est où, l'autre gus ?

— À l'hôpital avec sa sœur. Qui a tué Hack ? Qui a tué Pete ?

— Je sais rien là-dessus.

— Pourquoi est-ce que Hack avait un serpent à sonnette ?

— Y en a qui disent qu'il mettait du venin de serpent sur les gaffes.

— C'est quoi ?

— Ils les attachent à la patte du coq. Coupant comme une lame de rasoir. Un coq qui prend une entaille avec du venin sur la gaffe meurt super vite. À ce qu'il paraît, Hack faisait ça.

— Y a pas un risque que le coq s'empoisonne par accident ?

— Nan, ces bestioles sont bien plus futées que ce qu'on croit.

Johnny Boy émit un vague grognement d'assentiment. Roscoe venait malgré lui d'écarter les soupçons qui pesaient sur sa personne. Quiconque croyait en l'intelligence des coqs n'était pas assez dégourdi pour attaquer un homme armé par surprise.

— Pete était au courant, pour le poison ?

— Ouais, Pete disait qu'y avait pas moyen que Hack tue des oiseaux. Il se faisait trop de fric avec ces combats.

— Avec les paris ?

— Non, ils ont leur petit arrangement. Hack prend la moitié du tarif d'entrée. Il vend des clopes, des bières et du whiskey. Il fait payer un bras, au passage.

— C'est quand, le prochain combat ?

— Je sais pas.

— T'as dit que l'info était en ligne.

— Plus maintenant. Tout le forum a disparu.

— Quand ça ?

— Après la mort de Pete.

Johnny Boy tira une carte de visite de sa poche de chemise et la tendit à Roscoe.

— Si t'entends parler d'un nouveau combat, tu me préviens.

— Là, ça dit que t'es adjoint, pas shérif.

— J'ai pas encore eu le temps d'en avoir des nouvelles.

Johnny Boy quitta la maison. M. Reeder était debout sur une chaise en bois, une jambe en l'air pour l'équilibre, l'intégralité du buste dans le compartiment moteur. La chaise tangua et Johnny Boy se précipita pour la retenir.

— Tout va bien, monsieur Reeder ? dit-il.

— Ouais.

— Cette chaise est pas stable.

— Je sais. Mais l'escabeau est soit trop haut, soit trop bas, soit trop de travers.

— Je dois filer. Vous voulez que j'embarque Roscoe ?

— Nan, il vaut pas la poudre qu'il faudrait pour l'abattre. Là.

Les mains graisseuses de M. Reeder tenaient deux boulons et deux rondelles. Johnny Boy les mit docilement dans un bac en aluminium vide. Quatre contre-écrous étaient posés à côté de deux vis qui brillaient à l'endroit où elles avaient cédé sous la pression. Par terre, une perceuse électrique était branchée à une rallonge qui disparaissait dans les hautes herbes devant la maison.

— Je peux vous parler, monsieur Reeder ?

— Vous faites rien d'autre depuis tout à l'heure.

— Plutôt en face-à-face, je veux dire.

Avec un grognement et un long soupir, M. Reeder s'extirpa de son moteur, le visage maculé de stries noires. Il tenait un marteau au manche enveloppé de chatterton et une pince-étau.

— Pas besoin de votre aide, dit-il. Roscoe est plus expulsé. Je savais pas que Misty était partie. Il avait honte de me le dire.

— Ce n'est pas pour ça que je suis là.

M. Reeder s'installa sur la calandre et le toisa sans ciller. C'était le genre d'homme qui pouvait attendre une semaine pour parler, à part pour donner des instructions. Le père de Johnny Boy était pareil, une sorte d'atavisme qui sautait une génération, un trait dont Johnny Boy n'avait pas hérité. Il fut soudain irrité, de la même manière qu'il l'était avec son père.

— Un autre homme est mort, dit-il. Hack Darvis. Vous le connaissez ?

— Nan, je gardais mes distances avec Hack. Il paraît qu'il a abattu un arbre exprès pour le faire tomber sur un homme.

— Vous y croyez ?

— Ce que je crois, ça a pas d'importance. Ce que je sais, c'est ça : deux gars sont allés dans les bois et un seul en est revenu vivant.

— Il l'est plus, dit Johnny Boy. Hack est mort.

— Vous pensez que mon fils est mêlé à cette histoire ?

— Il trempe dans les combats de coqs. Roscoe pourrait savoir qui a tué Hack et ne pas savoir qu'il sait.

— Ça vaut pour tout le monde, non ? Vous et moi compris.

— Ouais, mais c'est pas nous qui avons deux coqs.

— Dites, je veux causer d'ennuis à personne, mais le combat de coqs, c'est illégal, non ?

— Si.

— Pourquoi vous faites rien contre ?

— Dans quarante-deux États, c'est un crime. Mais au Kentucky, c'est un délit mineur. Les gens viennent de partout pour faire combattre leurs oiseaux ici. S'ils se font arrêter, un délit, c'est pas si grave. Si vous voulez pas que votre fils soit inquiété, dites-lui de laisser tomber les combats de coqs. Je dois y aller.

Johnny Boy baissa le menton en guise de salutation et remonta la colline jusqu'à son pick-up. Deux paires de traces de pneus étaient visibles sur la route de terre. Il sortit son téléphone et les photographia, puis il fit défiler ses photos jusqu'aux clichés pris derrière chez Hack Darvis. Les traces ne correspondaient pas, ce qui le soulagea. Ça ne mettait pas définitivement les Reeder hors de cause, mais il ne pensait pas qu'ils étaient impliqués. Les photos suivantes étaient celles des empreintes de pas, taille 38. Il redescendit la colline et demanda à Roscoe la pointure de Misty.

— Je sais pas, dit-il. Elle a des petits pieds. Elle arrêtait pas de s'en plaindre.

— De ses pieds ?

— Non, des chaussures. Les boutiques commandent qu'une ou deux paires en petites pointures et elles les mettent en vitrine. Parce qu'elles sont mignonnes et qu'elles prennent pas trop de place, elle disait. Du coup, elles sont décolorées par le soleil et ça lui plaisait pas. Ça lui arrivait d'aller au rayon enfant.

— Est-ce qu'elle a laissé des chaussures quand elle est partie ?

— Il y a un carton avec ses affaires.

Johnny Boy le suivit jusqu'au poulailler. Roscoe désigna un carton et se mit à parler aux coqs. Johnny Boy trouva un short en jean, une ceinture fine avec une boucle papillon, deux magazines people et une paire de sandales abîmées. Il sortit les sandales à la lumière. Elles étaient minuscules, taille 35. Il remercia Roscoe et s'en alla.

12

MICK dormait à côté du lit de sa sœur, se réveillant toutes les heures lorsque divers membres du personnel entraient dans la chambre. Il fit abstraction des bips aigus et réguliers des machines et se concentra sur le bourdonnement général propre à tout hôpital.

Le matin apporta de la lumière et une nouvelle équipe d'infirmières, certaines desquelles étaient fraîchement caféinées et joviales. Il les ignora et observa la respiration de sa sœur. Sa jambe blessée était bandée du haut de la cuisse jusqu'au pied. Ses orteils dépassaient, ce qui, il le savait, aurait déplu à Linda. Enfant, elle était gênée par ses pieds – le gros orteil était nettement détaché des autres, comme le pouce d'une main. Elle ne portait jamais de sandales ou de tongs. Il se remémora soudainement un mercenaire australien qui appelait ses tongs des “strings de pied”, à la consternation de ses camarades américains.

Il se leva et s'étira pour chasser ses pensées erratiques. Il jeta un œil au parking par la fenêtre. Les lueurs dorées de l'aube se fondaient avec le jaune criard émanant des ampoules montées sur des poteaux d'acier. Un capteur s'activa et toutes les lampes s'éteignirent, laissant place à des ombres plus douces et une atmosphère plus agréable. Il regarda les gens regagner leur voiture, le pas lent après douze heures debout.

Il y eut un froissement de draps derrière lui. Il se tourna et vit Linda qui bougeait le bras comme pour se libérer des limites du lit.

— Doucement, dit-il. Tu es à l'hôpital.

— Quoi ? marmonna-t-elle. Où...

Sa voix s'éteignit. Il attendit assez longtemps pour être sûr qu'elle dorme avant d'appeler une infirmière. Les deux heures qui suivirent, il resta auprès d'elle, ne la quittant jamais des yeux. Il n'y avait pas de passé. Il n'y avait pas d'avenir. Il occupait le présent au chevet de sa sœur blessée de la même manière que lorsqu'il attendait le combat.

Quelques heures plus tard, Linda s'agita, puis s'éveilla lentement, clignant plusieurs fois des yeux à mesure qu'elle reprenait conscience.

— Tout va bien, frangine, dit-il. Tu es à l'hôpital. Tu as pris une balle.

— Où ?

— Jambe gauche. On t'a opérée. Tu es sous sédation.

— Grave ?

— Assez. Mais tu vas remarcher.

Elle acquiesça et sembla se reposer un instant, puis elle ouvrit brusquement les yeux et Mick comprit qu'elle avait mal, que l'effet des médicaments s'estompait. D'une certaine manière, c'était bon signe.

— Qu'est-ce qui s'est passé ? dit-il.

— Suis entrée dans la maison.

— Y avait qui ?

Elle secoua la tête et ferma les yeux. Il quitta la pièce et appela le bureau du shérif. Sandra répondit.

— Elle s'est réveillée et elle parle, dit-il. Vaseuse, mais ça va.

— Bonne nouvelle. Je viens à la fin de ma journée.

— Merci. Johnny Boy a trouvé quelque chose ?

— La police municipale a rapporté de la forêt quatre sacs de bric-à-brac en tout genre. Johnny Boy cherche des éléments sur Pete Lowe et Hack Darvis. Il dit que tu enquêtes sur la personne qui a tiré sur Linda. Ce n'est pas un conflit d'intérêts ?

— Techniquement, si. J'ai besoin de tout ce que tu peux trouver sur Leo Gowan.

— J'ai tout ici, dit-elle.

— Je passe plus tard.

Mick raccrocha. L'anxiété affluait dans ses membres par vagues et il s'aperçut qu'il n'y avait personne pour le relever à l'hôpital. Il appela Raymond et lui expliqua la situation.

— Je peux pas m'absenter, dit Raymond. J.C. a besoin de moi pour préparer le déjeuner. On peut venir après quatre heures.

— Et ta mère ?

Il y eut un silence pendant que Raymond considérait cette idée. Mick entendait la musique d'un *conjunto* à l'autre bout du fil et Juan Carlos qui fredonnait par intermittence. Dans le couloir, deux infirmières riaient devant leur chariot, un son étrange dans cette ambiance. C'était un rappel bienvenu : des gens riaient au travail, quelle que soit la tâche à accomplir. Mick repensa à l'humour noir de ses collègues enquêteurs face à des scènes de crime macabres.

— Je vais lui demander, dit Raymond. Mais ça va pas plaire à maman.

— Personne n'aime les hôpitaux.

— Elle aime pas non plus les flics.

— Alors dis-lui que c'est une femme blessée qui n'a personne d'autre. Elle me doit bien ça, n'oublie pas.

— Ça va vraiment pas lui plaire. Mais je vais l'appeler.

Mick retourna à la chambre. Un jeune homme en tenue décontractée se présenta comme étant le Dr Lannan, médecin hospitalier. Il tenait une liasse de papiers sur un porte-bloc incongrûment vieux. Le pronostic de Linda était bon, sans complications post-opératoires. Ils allaient passer au percocet pour la prise en charge de la douleur. Une transfusion sanguine lui avait sauvé la vie.

— La suite ? demanda Mick.

— Repos. Puis rééducation.

— Combien de temps ?

— Des semaines, des mois peut-être. Il faut voir avec le chirurgien.

— Quand ?

— Il fait sa tournée dans l'après-midi. Je sais que vous êtes inquiet. Mais elle récupère bien. Elle est solide et son état est rassurant. Il a fallu un important débridement des tissus. Mais tout porte à croire à une rémission complète.

Le Dr Lannan pivota sur ses talons et Mick regarda le petit homme s'éloigner lentement de la chambre, feuilletant les pages de son porte-bloc, se préparant pour le prochain patient. Linda changea de position, la douleur poussant son corps à chercher un soulagement, son cerveau ignorant encore que ce dernier lui était inaccessible. Il s'assit et attendit la mère de Raymond, Shifty Kissick. Le père de Mick l'avait courtisée quarante ans plus tôt, mais elle avait choisi un homme plus stable qui était mort jeune. Mick lui avait rendu un petit service quelques années auparavant, puis un plus grand ensuite, qui impliquait de la protéger des représailles d'un criminel. Maintenant que Raymond avait quitté les marines pour rentrer au pays, elle était mieux escortée, même si elle n'en avait pas vraiment besoin. Chaque fois que Mick l'avait vue, elle était armée.

Une aide-soignante allait et venait dans la pièce, apportant des serviettes propres et vidant la poubelle. La lumière du soleil atteignit le lit et Mick ajusta les rideaux. Au repos, le visage de sa sœur n'avait plus d'âge, comme si elle se départissait de sa condition d'adulte pour revenir au statut d'enfant. Une mèche rebelle se mit en travers de son visage. Il résista à l'impulsion de la replacer, préférant éviter tout dérangement.

Shifty Kissick entra sans frapper. Elle portait une longue robe droite et une paire de chaussures convenables pour la ville. Par-dessus sa robe, elle avait un pull bleu clair avec le coin d'un mouchoir qui dépassait de la manche.

— Merci d'être venue, madame Kissick.

Elle posa un grand sac à main au pied du lit, se pencha au-dessus de Linda et, d'un geste délicat, écarta la mèche de son visage.

— Qu'on soit bien clairs, dit-elle. Je suis là pour elle, pas pour toi.

— C'est généreux de votre part.

— Qui a fait ça ? Un homme, je parie.

Mick acquiesça.

— Alors tu ferais mieux d'aller retrouver ce salopard fissa.

— Oui, madame. Je vais dire à l'infirmière que vous êtes de la famille. Comme ça, ils pourront pas vous forcer à partir.

— Déjà fait, dit-elle. Je suis ta tante Shifty. Allez, file.

Mick s'en alla, songeant au contenu de son sac. On lui avait appris à ne jamais toucher le sac à main d'une femme. Son grand-père lui disait qu'il valait encore mieux ne pas le regarder. Mick avait douze ans et avait demandé pourquoi. "Va savoir ce qu'y a dedans, avait dit Papaw. Ma grand-mère trimballait un pic à glace planté dans un bouchon." Mick avait hoché la tête, suivant l'usage des hommes de sa famille, et mémorisé cette rare information sur la gent féminine. À présent, tandis qu'il quittait l'hôpital, il devina que le sac de Shifty contenait un petit pistolet, sans cran de mire afin d'éviter les accrocs sur les vêtements.

Il roula jusqu'au bureau du shérif, où Sandra, assise devant un écran d'ordinateur, prenait des notes au stylo sur un calepin. Elle avait l'épaule relevée pour maintenir le combiné d'un téléphone fixe contre son oreille. Son portable vibra pour indiquer un appel entrant. Dans une soudaine série de mouvements fluides, elle termina toutes ses activités et lut à voix haute sur son calepin.

— Leo Gowan. Trente et un ans. Employé par J.B. Paving à West Liberty. Divorcé il y a deux ans. Un enfant, Travis, huit ans. Ex-femme, Carla Jo, vingt-sept ans, remariée à Lester Wallace. Ils vivent à Clearfield. Un détail intéressant : Carla Jo avait une injonction d'éloignement contre Leo.

— Bon travail, Sandra.

Ils se dévisagèrent en silence, incertains de la marche à suivre. Leur brève histoire présentait un obstacle qu'aggravaient les circonstances. Une fois leur interaction professionnelle terminée, Mick ne savait plus quoi dire. Il attendit.

— Comment va Linda ? dit Sandra. Tu as parlé au médecin ?

— Elle va en baver.

— Qui lui a tiré dessus ?

— Elle est toujours dans le coaltar. Sa mémoire va lui revenir d'ici quelques jours. Est-ce que Johnny Boy a prévenu les proches de Gowan ?

— Non, ils vivent dans le comté de Morgan. C'est la police de l'État qui s'en est chargée. Johnny Boy est sur la piste du tueur de Hack et Pete. Ou des tueurs.

— Il pense qu'ils sont deux, maintenant ?

— Il n'a rien dit, mais on ne sait jamais. Qu'est-ce que tu en penses, toi, Mick ?

— Les deux victimes étaient impliquées dans des combats de coqs. Deux hommes qui vivaient seuls. La cause du décès était la même. Mon instinct me dit qu'un homme a tué les deux.

— Ton instinct s'est déjà trompé ?

Il acquiesça.

— Une autre chose, dit-elle. Johnny Boy a du nouveau sur le serpent. Il a dit que tu comprendrais.

Il acquiesça derechef, prêt à prendre congé, mais sentit qu'il fallait ajouter une couche de politesse.

— Bon, dit-il. À plus.

Il se tourna pour partir.

— Qu'est-ce que je dis à Johnny Boy ? demanda-t-elle.

— À quel sujet ?

— Toi. Il est shérif et tu es son adjoint. Je suis le central. Il voudra savoir ce que tu comptes faire.

— Je vais parler à l'ex-femme de Leo.

Le téléphone de Sandra sonna. Elle décrocha et Mick rejoignit son pick-up. Cela faisait des années qu'il n'avait pas rendu compte à un supérieur. Quelques jours plus tôt, il aurait ignoré la question de Sandra – pour commencer, quelqu'un d'un grade inférieur ne la lui aurait pas posée. La vie civile, se rappela-t-il. C'était plus fluide, moins défini, les canaux de communication étaient vagues et informels. Il n'aimait déjà pas ça.

13

MICK roulait sur la 519, un grand axe au milieu des collines connu localement sous le nom d'Old Clearfield Road. Les plus jeunes l'appelaient West Liberty Road. Un petit cercle fermé l'avait rebaptisé Pink Palace Highway, du nom de l'enceinte extérieure d'une prison construite vingt-cinq ans auparavant. Il arriva à l'embranchement pour Morgan Fork et s'aperçut qu'il était allé trop loin, peu familier avec les nouvelles constructions. Il rebroussa chemin jusqu'à Dry Creek Road et suivit la route jusqu'à une piste non goudronnée, au bout de laquelle habitait l'ex-femme de Leo Gowan, Carla Jo.

La maison de plain-pied avait un toit à deux pans venant recouvrir un porche qui s'étendait sur tout l'avant. Une partie du jardin était clôturée pour protéger une balançoire, une pataugeoire et un petit vélo. Une épée en plastique et un chapeau à la Davy Crockett gisaient sur la pelouse. Il y avait une gamelle d'eau pour un chien, mais aucun chien en vue. Mick descendit du pick-up. Les marches du porche étaient robustes, en bois traité avec une épaisse couche de vernis.

Il tapa deux fois du pied sur le porche, puis il toqua doucement à la porte moustiquaire. De l'intérieur lui parvint un aboiement en forme de mise en garde. Mick recula d'un pas. Une femme ouvrit la porte et un petit chien se précipita dans l'entrebâillement. Il courut au bout du porche, effectua une pirouette dans les airs et se remit à aboyer avec une férocité haut perchée. Il avait une tête de chihuahua montée sur un corps de bouvier australien, comme s'il avait été assemblé par des enfants avec des pièces de récupération. Ils avaient commencé à le colorier au feutre noir, s'étaient lassés, avaient continué à la taloche, puis avaient fini par laisser tomber.

— Faites pas attention, dit la femme. Il mord pas.

— C'est quelle espèce ?

— Un bâtard. On a eu Cowboy au refuge du coin.

— Pas froid aux yeux tant qu'il reste à trois mètres de distance.

— Il a des gènes de chien de troupeau, et c'est mon fils le troupeau.

— Pas vous ?

— Je peux pas parler pour Cowboy, mais je pense qu'il me voit comme la bergère. Bonne pour le gîte et le couvert, mais guère plus.

Une fois passé les amabilités d'usage, elle le toisa attentivement. Elle avait moins de trente ans et portait un jean et un débardeur. Pas de tatouage, les muscles dessinés par les corvées sans fin d'une mère au foyer. Elle se tenait debout avec son poids uniformément réparti, sans se cacher derrière la porte, le regard droit. Il se demanda si elle avait les ressources pour tuer un homme. Tout le monde les avait.

— Je suis Mick Hardin, adjoint au shérif. Vous êtes Carla Jo Wallace ?

— Oui. Vous êtes là pour Leo ?

— Oui, madame. Je suis désolé.

— C'est plus dur pour Travis que pour moi.

— Leo était son père ?

Carla Jo ferma la porte, puis elle désigna trois chaises sur le porche.

— Travis dort. Je ne veux pas le réveiller. Et je ne veux pas qu'il entende parler de son père.

Elle prit la chaise du milieu.

— Laquelle est celle de votre mari ? dit Mick.

Elle la lui désigna et il s'assit sur l'autre. Elle salua sa courtoisie d'un hochement de tête, ses traits s'adoucissant l'espace d'un instant.

— Sympa, chez vous, dit-il. Vous devez vous asseoir ici souvent.

— Tous les soirs quand Lester rentre du boulot.

Trois merles d'Amérique volèrent en formation serrée jusqu'aux branches d'un pommier. Les fleurs n'étaient plus là et les fruits pas encore arrivés. Les oiseaux s'en allèrent.

— Ces merles cherchent à manger, dit Mick.

— Eh oui. Je mettrai de l'alu dans l'arbre quand les pommes seront bien vertes. Pour faire fuir les oiseaux.

— Vous les cueillez, ces pommes ?

— Pour faire de la gelée. Travis veut construire une cabane dedans. Mon mari a cloué une planche là-haut. Il lui a dit qu'il en ajouterait d'autres quand l'arbre serait plus grand.

Mick acquiesça. C'était une bonne solution, qui valait mieux que d'expliquer à un enfant que lui allait grandir, mais pas le pommier.

— Madame, dit-il. Je dois vous poser quelques questions au sujet de Leo.

— Appelez-moi Carla Jo.

— Vous avez été mariés cinq ans ?

— Quatre ans et demi. Travis est né la première année.

— Vous habitiez où ?

— Un mobile home à Brushy. Après le divorce, il a loué cette autre maison.

— Vous y êtes déjà allée ?

— Non, dit-elle d'une voix dure.

— Mais Travis oui.

— Mon mari le déposait deux fois par mois pour quatre heures. Il attendait Travis dans la voiture.

— À cause de l'injonction d'éloignement ?

— Leo voulait plus de temps avec Travis, mais les tribunaux ont dit non. Rien que des visites encadrées. Lester, il était pas obligé d'attendre dans la voiture. Il aurait pu entrer, mais il essayait d'être conciliant.

— Il m'a l'air d'un homme bien.

— Il l'est. Bien avec moi, super avec Travis. Il prend soin de la maison, aussi.

— Je vois ça.

Mick contempla l'orée des arbres, laissant le silence les envelopper. Elle était plus à l'aise à présent. Il comptait là-dessus pour la prochaine étape de la conversation. Le chien bondit sur les genoux de Carla Jo pour s'y lover et dirigea sa petite tête vers Mick, toujours dans une attitude protectrice. Une tourterelle triste roucoula. Le chien tendit l'oreille, puis ignora le son.

— Il faut qu'on parle de Leo une minute, dit Mick. Je sais que c'est pas un moment facile. Mais je suis obligé.

Elle acquiesça et pinça les lèvres.

— Vous avez en tête quelqu'un qui pourrait s'en prendre à Leo ?

— Ça fait trois ans que je ne l'ai pas vu et que je ne lui ai pas adressé la parole.

— Mais Lester si. Où était-il il y a deux jours ?

— Il rentre tous les soirs après le travail.

— Qu'est-ce que vous faites à ce moment-là ?

— Toujours pareil. Il joue avec Travis. Je prépare le dîner et puis on mange.

— Et après le dîner ?

— On travaille dans le jardin s'il fait encore beau. On regarde la télé. On couche Travis. Ensuite on se pose pour bavarder.

— De quoi vous parlez, en général ?

— Des factures. De son travail. Ces derniers temps, on parlait de mettre une allée devant la maison et de construire un garage.

— Quel genre d'armes possède votre mari ?

— Des fusils de chasse.

— Pas d'arme de poing ?

— Non. Pourquoi vous me demandez tout ça ? Vous pensez que Lester a tué Leo ?

— Non madame. Mais quelqu'un l'a tué. Et ma sœur a pris une balle au passage.

— J'ai entendu que c'était le shérif. C'est votre sœur ?

Mick acquiesça.

— Je suis désolée, dit-elle. Elle est tirée d'affaire ?

— Elle va s'en sortir. Mais vous pouvez comprendre pourquoi je dois insister. Est-ce que Leo possédait un pistolet ?

— Ouais. Un gros. Format familial, il disait.

— Gros comment ?

— Il disait que c'était un .45.

— Vous savez où il le rangeait ?

— Dans son pick-up, le plus souvent. La nuit dans un tiroir à côté du lit.

— À votre mobile home ?

Elle acquiesça.

— Et dans sa nouvelle maison ?

— Je ne sais pas. Je n'y suis jamais allée. Vous avez parlé à Penny ?

— C'est qui ?

— Penny Lawson. Sa copine.

Percevant le malaise de Carla Jo, le petit chien lui lécha la main avec une langue rose pas plus grosse que celle d'un chat. Mick n'avait jamais possédé d'animal de compagnie. Son grand-père avait un vieux bluetick coonhound qui aimait roupiller à l'ombre. Il n'était jamais entré dans la maison. Soudain, Mick eut envie d'un chien et – encore plus absurde – d'un petit toutou qui lui lécherait la main de manière obsessive.

— Je dois parler à Penny, dit-il. Vous avez une idée d'où elle se trouve ?

— Non, je ne l'ai jamais rencontrée. Travis a parlé d'elle, c'est tout. Penny avait une fille d'à peu près son âge. Ils jouaient parfois ensemble. Il l'aimait bien. Vous savez, pour les gamins de cet âge-là, garçon ou fille c'est du pareil au même.

— Et votre mari ? Est-ce qu'il a rencontré Penny ?

— Je ne sais pas. Il sera là à six heures et demie ce soir.

— Je peux vous demander de l'appeler ? Peut-être qu'il sait où vit Penny.

— Il ne peut pas toujours répondre, au travail. À moins que ce soit une urgence.

— Il a peut-être pas envie de voir la police débarquer pour lui parler. Les gens aiment pas ça, en général.

Elle médita ses paroles puis tira un portable de sa poche arrière. Mick se leva, mettant le chien en alerte, et marcha dans le jardin. Une longue corde pendait de la branche la plus basse du pommier. Une échelle tordue à trois barreaux gisait au sol. Enfant, Mick avait grimpé à des centaines d'arbres. Son activité préférée était de trouver deux arbres distants de quelques dizaines de centimètres, un grand et un petit. Il grimpait au grand puis sautait sur l'arbuste, attrapant le tronc à deux mains, son élan ployant l'arbuste vers la terre. S'il choisissait bien, l'arbre fléchissait sous son poids et lui permettait de descendre en douceur. Parfois l'arbuste se cassait et il tombait. D'autres fois, il ne penchait pas suffisamment et Mick, coincé à trois ou quatre mètres de hauteur, était contraint de sauter. C'était cette incertitude qui lui plaisait – le bond dans le vide, le besoin de se fier à son agilité pour attraper l'arbre, sans savoir ce qui se passerait ensuite. Il avait vécu comme ça l'essentiel de sa vie.

Carla Jo l'appela et il s'avança au bord du porche.

— Penny a une tante qui vit à Sharkey, dit-elle. Lily, il croit qu'elle s'appelle. Atkins ou Adkins, un des deux. Peut-être Atkinson.

— Merci.

Mick monta dans son pick-up et appela Sandra sur le chemin du retour. Il lui apprit que Shifty avait pris la relève à l'hôpital et lui demanda des informations sur Lily Adkins ou Atkins. Il rejoignit Flemingsburg Road, passa sous l'Interstate, et s'arrêta faire le plein dans un de ces nouveaux postes de distribution qui remplaçaient les stations-service partout dans le pays. Sur le côté, il y avait une machine avec un long tuyau mince permettant de gonfler ses pneus pour un dollar cinquante en pièces. Pour faire la monnaie, il fallait demander à l'intérieur, où des bidons d'eau coûtaient trois dollars. Payer pour l'eau et l'air, pensa Mick. Pas étonnant si les gens devenaient fous.

Sandra le rappela avec une adresse pour Lily Atkins. Il rejoignit Sharkey Road, une deux voies au goudron rapiécé de toutes parts. Il dépassa une pancarte le prévenant que Dieu le regardait, et réfléchit brièvement au système de surveillance de masse instauré partout dans le pays. Les forces de l'ordre anglaises avaient démontré son efficacité, malgré le tollé des défenseurs de la vie privée. Mick supposa que ce n'était qu'une question de temps avant que les images des caméras de surveillance puissent être retouchées afin d'incriminer un innocent. Il bifurqua sur une petite route et trouva l'adresse.

Lily Atkins habitait une des maisons les plus anciennes, entourées par des préfabriqués, un concept qui échappait à Mick. Pour lui, c'était la zone grise entre un mobile home et une maison, l'équivalent bas de gamme d'un duplex en ville – ni maison ni immeuble. L'allée était en gravier calcaire.

Il se gara et descendit du pick-up, délaissant sa prudence habituelle. S'il y avait des chiens, il les ferait fuir. À l'intérieur, une télé braillait tellement fort que, avec les rideaux ouverts, il aurait pu suivre les programmes du jour. Il toqua à la porte, sans succès. Il toqua plus fort, puis utilisa une pièce de monnaie pour racler le carreau. Le volume de la télé baissa et il toqua de nouveau. Une femme d'une cinquantaine d'années ouvrit la porte avec un grand sourire accueillant. Elle avait des cheveux gris avec un carré court plongeant qu'il n'avait vu que chez des jeunes gens.

— Bonjour, dit-elle. Je vous connais ?

— Je suis le fils de Jimmy Hardin, Mick.

— Oh, là là. Un des Hardin de l'autre bout du comté ?

— Oui, madame. Vous êtes Lily Atkins ?

— Soi-même. Vous aimez mes cheveux ? Je viens de me les faire couper. Ashley Fly est la meilleure coiffeuse de la région. Une vraie styliste !

— Oui, madame. C'est très joli. Tendance, je crois.

— J'aime les hommes qui remarquent les cheveux des femmes. Ça se perd, de nos jours. Entrez, entrez.

— Merci, mais je suis bien ici pour l'instant. J'essaie de trouver votre nièce.

— J'en ai sept. Laquelle ?

— Penny Lawson. J'ai cru comprendre qu'elle vivait ici.

— Eh bien…

Sa voix s'éteignit et tout son corps sembla se déplacer comme pour lui opposer un mur invisible.

— Madame Atkins, je travaille pour le shérif. Votre nièce connaît un homme qui est mort ici récemment.

— Qui s'est fait tuer, vous voulez dire. J'ai entendu ça.

— Voilà. J'aimerais demander à Penny s'il avait des ennuis avec quelqu'un au travail, ou peut-être un voisin.

— Comment vous avez su qu'elle vivait avec moi ?

— Son ex-femme me l'a dit.

— Carla Jo ?

— Il en a une autre ?

— Non, juste elle. Je connais sa mère par l'église. Elle m'a dit que Carla Jo avait épousé Lester Wallace.

— Oui, madame, c'est bien ça. Penny est là ?

— Non.

— Vous vous souvenez de la dernière fois où vous l'avez vue ?

— Bien sûr. Ma mémoire se porte très bien.

— Je m'excuse. Ce n'est pas ce que j'insinuais.

Depuis l'intérieur de la maison leur parvint le gloussement d'une poule qui couvrit le volume de la télévision. Mick pencha la tête pour mieux entendre. Le son se poursuivit, comme propulsé par l'enthousiasme, puis redescendit en une série de gargouillis satisfaits.

— C'est Riley, dit Mme Atkins. Je croyais que c'était un mâle, mais c'est une poule.

— Vous la gardez à l'intérieur ?

— Pas tout le temps. Juste quand il fait trop chaud pour elle. Dans le coin, tout le monde avait des poules avant. Aujourd'hui, y a moins des deux, les gens et les oiseaux. Riley est la dernière poule de Sharkey. Elle est importante.

— Une poule importante.

— Oh oui ! Un jour, y a longtemps de ça, les gens d'ici ont voulu une poste pour recevoir du courrier régulièrement. Ils ont dû faire une demande officielle, un cirque qu'a duré pas loin de six mois. Les autorités ont fini par dire oui, mais il leur fallait un nom de ville. On n'en avait pas. C'était que des routes et des fermes, dans les environs. Ceux qu'avaient la plus grande famille voulaient qu'on prenne leur nom, mais les gens les aimaient pas. Ça a été la foire d'empoigne pendant une semaine. Le samedi, y avait un combat de coqs entre Shanghai et Sharkey. Les gens ont décidé de donner le nom du vainqueur à la ville.

— Sharkey a gagné ?

— Ouaip. Il a réglé son compte à Shanghai. C'est ma grand-mère qui m'a raconté. Sa mère était là. Donc voyez, Riley maintient l'esprit de Sharkey en vie. La poste a disparu depuis le temps. On est des routes et des fermes, comme avant.

Mick songea à une poule à qui Shifty Kissick avait appris à marcher à reculons. Cela faisait trois ans qu'il voulait lui demander comment elle s'y était prise. Une libellule voleta à côté d'eux, son corps irisé scintillant au soleil.

— Madame Atkins, dit Mick. Il faut vraiment que je parle à Penny.

— Elle est partie il y a plusieurs jours. Son ex est venu prendre quelques-unes de ses affaires. Elle m'a appelée pour me dire de le laisser faire. À mon avis, ils sont en train de se rabibocher. Je le leur souhaite. La petite a besoin de son père.

— Oui, madame. Où habite-t-il ?

— Randy ? Plus bas, passé Farmers, sur une vieille route au bord de la rivière.

— Randy. Je dois connaître six types qu'ont ce nom.

— C'est un Caldwell. Ceux du vallon, pas les Caldwell de la crête.

— Merci, madame Atkins. Vous avez été d'une grande aide.

Elle fit un pas vers lui, pencha la tête et sourit.

— Vous devez être marié. Un homme comme vous.

— Je suis divorcé.

— Revenez dès que vous avez un peu de temps.

Elle désigna ses cheveux argentés.

— Y a peut-être de la neige au sommet, mais y a toujours le feu en bas.

Mick roula jusqu'à un élargissement du bas-côté et se gara sous un caryer ovale, un de ses arbres préférés. Si la situation n'était pas aussi critique, l'interaction avec Mme Atkins aurait été amusante. Le prochain homme qui frapperait à sa porte aurait droit à un tour de rodéo. Ou à un œuf. Mick avait toujours voulu être le genre d'homme capable de tout plaquer pour s'adonner aux plaisirs de la chair avec une femme. Le problème était qu'il avait d'abord besoin de la connaître, de ressentir quelque chose – comme avec Sandra. Mais il avait tout gâché, de même que son mariage et une brève liaison avec une officière de renseignement britannique quelques mois plus tôt. Il pensait qu'elle était du MI6 parce qu'elle avait quatre téléphones portables. Le numéro qu'elle lui avait donné ne fonctionnait sur aucun d'entre eux.

Il appela Sandra et lui demanda l'adresse de Randy Caldwell à Farmers et la manière de s'y rendre. Le téléphone en haut-parleur, il se demanda si le vrai nom de l'homme était Randall, soit Randall Caldwell. Il connaissait un certain nombre de gens dont le prénom et le nom rimaient, une drôle de tradition des collines. Clinton Morton. Amy Ramey dans le comté de Carter, et Sam Hamm de l'école primaire. Il se souvenait d'un garçon qui s'appelait Abbot Abbot, comme si ses parents s'étaient trouvés à court d'idées et qu'ils avaient paré au plus pressé. Tout le monde l'appelait Rabbit.

La voix de Sandra lui parvint métallique dans le haut-parleur.

— Il y a deux Randy Caldwell, dit-elle. Un a cinquante-neuf ans, l'autre trente-quatre. Différentes maisons, même route. Un père et son fils.

— Il me faut les deux adresses.

— Tu es adjoint, maintenant. Ce qu'il te faut, c'est un kit radio avec GPS intégré. T'auras accès à toutes les mêmes données que moi. Un gain de temps pour toi et du travail en moins pour moi.

— Bonne idée.

— Ou peut-être que tu aimes juste parler avec moi.

— Euh, c'est quoi l'adresse ?

Elle la lui donna, ainsi que l'itinéraire pour y aller, puis elle le mit en attente. Il apprécia cette interruption bienvenue dans cette séance gênante de flirt téléphonique. Elle revint au bout d'une minute.

— C'était Ray-Ray, dit-elle. Sa mère l'a appelé. Elle dit que Linda est réveillée et qu'elle mange. C'est bon signe, Mick.

— Merci.

— Autre chose ?

— Est-ce que Johnny Boy a regardé dans le bric-à-brac qu'a rapporté la police municipale ?

— Il est toujours sur place. Il y a cinq gros sacs-poubelle dans son bureau.

— T'as dit quatre tout à l'heure.

— Dixon en a rapporté un autre. Tu doutes de mes calculs ?

— Non. J'espère un revolver calibre 45.

— Pas question que je fouille là-dedans.

— Appelle Dixon et demande-lui s'il en a trouvé un. Dans la maison ou dehors.

— OK. C'est tout ?

Il hocha la tête et raccrocha. Farmers était plein sud par la 801 et, au bout de quelques minutes, il s'aperçut qu'il avait oublié de dire au revoir à Sandra. Une croix de plus dans la colonne des mauvais points pour lui. Pas grave. Il partait pour la Corse dans deux jours.

À une époque, Farmers était le seul endroit du comté où l'on pouvait trouver de l'Ale-8, et quelques années plus tard le seul où faire des photos d'identité. Aujourd'hui, on y trouvait des stations-service, des boutiques de pêche et un restaurant de barbecue réputé du nom de Pop's – tout ça grâce au tourisme généré par Cave Run Lake. Jusqu'à la construction du barrage, la commune de Farmers était régulièrement inondée à quelques années d'intervalle. Les résidents gardaient des bateaux à portée de main, à toutes fins utiles. De nombreuses maisons avaient été emportées par les eaux, mais certaines des plus anciennes subsistaient encore. Les repères de crue avaient été repeints, les revêtements de façade remplacés et les pelouses regarnies. Mick arriva à hauteur de la maison du plus âgé des deux Caldwell, suffisamment éloignée de la rivière pour avoir survécu aux crues précédentes. Un gros pick-up avec une grille pare-buffle était garé devant. Un kilomètre plus loin, il trouva une maison plus récente avec un revêtement en PVC, des fenêtres aux finitions en PVC et pas de porche. Mick se demanda si c'était en prévision d'une nouvelle inondation – toute la structure semblait pouvoir flotter tranquillement au gré du courant.

Il se gara sur le bas-côté et traversa le jardin. Une brouette en métal était renversée sur la pelouse. Il toqua trois fois, attendit, et recommença – signal universel qu'il s'agissait d'une affaire sérieuse et pas d'un voisin, d'un politicien ou d'une paire de jeunes mormons au teint frais. Il tendit l'oreille, n'entendit rien et toqua de nouveau. Il perçut la présence de quelqu'un sur le côté et se tourna. Un homme se tenait au coin de la maison, un fusil braqué sur lui. L'arme était calée sur son bras gauche, au bout duquel il tenait un revolver.

Mick écarta lentement les bras pour montrer ses mains vides.

— Tiens, dit-il. Ça fait un bail que quelqu'un a pas dégainé avant moi. Faut croire que je me ramollis.

— Vous voulez quoi ?

— Je cherche Randy Caldwell. C'est vous ?

— Vous êtes qui ?

— Je suis Mick Hardin, adjoint au shérif.

— Mon cul ouais. Ce tas de ferraille est pas officiel et je vois ni uniforme ni insigne.

— Je suis nouveau.

Mick attendit. La façon dont Randy tenait ses armes indiquait qu'il n'avait pas de formation et qu'il hésiterait à tirer, un délai suffisamment long pour permettre à

Mick de plonger dans l'herbe, effectuer une roulade et se mettre à genoux avec son Beretta. Il pouvait être touché par l'extérieur du cône de chevrotine. Ou pas. Dans les deux cas, Randy était en mauvaise posture et ne le savait pas.

— Vous voulez quoi ? dit Randy.

— J'essaie de trouver votre ex-femme. Sa tante Lily m'a dit que vous étiez passé récupérer quelques affaires de Penny.

— Elle a pas tué cet homme.

— Je ne le pense pas non plus, mais elle sait peut-être qui l'a fait.

— Vu comment ce connard a traité Penny, il l'a pas volé.

— C'est vous qui l'avez tué ?

— Putain, non. J'ai envie de tuer personne.

— Alors qu'est-ce que vous diriez de pointer ce fusil ailleurs ?

Randy jeta un œil à son fusil comme s'il avait oublié son existence, puis il baissa le canon. Mick prit dans sa poche l'insigne que Johnny Boy lui avait remis à l'hôpital. Il s'approcha et le lui présenta.

— C'est Johnny Boy Tolliver le shérif, maintenant, dit-il.

— Bon Dieu. Johnny Boy ? M'est avis que le comté va avoir droit à une belle vague de crimes. Qu'est-ce qui est arrivé à la dame shérif ?

— Elle s'est fait tirer dessus. C'est ma sœur.

— Désolé, vieux.

— C'est pour ça que je cherche Penny.

— Elle est pas ici.

— Vous savez où elle est ?

Randy claqua la langue et détourna le regard. Il secoua vigoureusement la tête.

— Non, dit-il.

Mick savait qu'il mentait et fit encore un pas en avant.

— Vous en êtes sûr ? dit-il. Vous avez braqué deux armes sur moi.

— Je savais pas qui vous étiez. Ça aurait pu être un Gowan qui venait finir le boulot.

— Ça veut dire que Penny est venue ici. Elle est allée où ?

— Je sais pas.

— Oh que si. Elle est quelque part avec votre fille. Soit vous me dites où elle est, soit je vous embarque.

— En quel honneur ? Je suis chez moi, ici, bordel.

D'un geste brusque, Mick arracha le fusil de la main droite de Randy et utilisa le canon pour frapper son poignet gauche. Le revolver tomba au sol avec suffisamment d'impact pour tirer une balle qui percuta la brouette renversée. Mick ramassa le revolver, un .38.

— Jamais faire tomber son arme quand on garde une balle dans la chambre.

Randy se massa le poignet en geignant tandis que Mick déchargeait le revolver. Il inspecta la culasse du fusil, retira les cartouches et posa les deux armes par terre. Il dégaina son Beretta et tira un coup en l'air qui fit sursauter Randy. Mick braqua l'arme sur sa jambe.

— Une balle dans la jambe et vous êtes à l'hôpital avec ma sœur. Si vous bougez, ça risque de toucher le genou et vous marcherez plus jamais droit. Je suis plutôt bon tireur, donc faudra vous tenir immobile comme jamais dans votre vie. Compris ?

Randy acquiesça.

— Maintenant, où est Penny ?

— Elle est pas là.

Mick tira par terre à côté de la botte de Randy.

— C'était pas la question.

Le gémissement suraigu d'un moteur poussé au maximum retentit sur la route. Un pick-up apparut – celui avec le pare-buffle qu'il avait vu plus tôt. Le véhicule bifurqua brusquement, quitta le bitume et rugit dans le jardin. Le conducteur écrasa le frein et braqua à fond. Le pick-up dérapa sur le côté et s'arrêta. À travers la vitre, le conducteur braqua une Winchester .30-30 sur Mick. C'était un homme plus âgé, coiffé d'une casquette de coopérative agricole qui maintenait ses longs cheveux gris en arrière.

— Lâche ce flingue, dit-il.

Mick laissa tomber son Beretta et déplaça son poids pour présenter une cible plus réduite – son flanc gauche et son épaule.

— T'es blessé, fils ? dit l'homme.

— Ça va, papa, dit Randy.

— C'est quoi ce bordel ? Qui tire sur qui ? demanda l'homme.

— Votre fils a tiré sur la brouette, dit Mick. J'en ai tiré une dans le sol et une en l'air.

— Vous êtes qui ?

— Adjoint Hardin, du comté d'Eldridge. Je vais déplacer ma main droite tout doucement pour vous montrer mon insigne.

Mick leva son insigne et l'homme plissa les yeux.

— Approchez encore un peu, dit l'homme. Je vois que dalle, d'ici.

Mick avança lentement, tenant l'insigne à hauteur des yeux de l'homme.

— J'ai été nommé adjoint hier, dit Mick.

— Alors accrochez l'insigne à votre chemise ou à votre ceinture, avant de vous faire fumer pour de bon.

— Vous avez raison, monsieur Caldwell. J'aurais déjà dû le faire.

— Qu'est-ce que vous lui voulez, à mon fiston ?

— Rien. J'essaie de trouver son ex-femme.

— Penny ? Elle est dans le Michigan.

M. Caldwell retira sa carabine de la fenêtre, ouvrit la portière et s'avança sur l'herbe. Il tenait son arme sans la serrer outre mesure, le canon vers le bas.

— Pas un geste, dit-il.

Mick acquiesça, observant l'homme traverser le jardin en crabe et jeter un œil à l'impact de balle dans la brouette.

— Cette partie-là est vraie, dit M. Caldwell. Randy, qu'est-ce qui s'est passé ?

— Le coup est parti par accident.

— Jamais on voit ça.

— Ben, là oui, papa.

M. Caldwell regarda Mick pour avoir confirmation.

— Il avait une balle dans la chambre, dit Mick.

— C'est vous qu'avez fait tomber le flingue ?

Mick acquiesça.

— Le fusil aussi ?

Mick acquiesça.

— Chie du feu, Randy. Il t'a désarmé deux fois et toi t'as canardé la brouette ?

Randy haussa les épaules et regarda par terre. Son père se mit à rire, un gloussement qui s'amplifia peu à peu avant de s'estomper dans le silence tombé à la suite des coups de feu. Il regarda Mick.

— Vous êtes quel genre de flic ?

— Chanceux.

— Bien ce que je me disais. Dans ma jeunesse, j'ai explosé les pneus d'un type. Le shérif m'a demandé si c'était moi. J'ai dit non. Il m'a demandé ce qui s'était passé. Je lui ai dit qu'il devait y avoir une balle qui traînait sur la route et que le type avait roulé dessus. (Il rit de nouveau.) Morale de l'histoire, vous et le comté, vous nous devez une brouette.

Mick sortit son portefeuille, préleva cent dollars et les lui tendit.

— Donnez-les-lui, dit M. Caldwell.

Mick alla voir Randy, qui prit l'argent et le compta.

— Elle coûtait pas autant, dit-il. Vous voulez la monnaie ?

— Non, prenez-en une mieux. Elle est allée où, Penny, dans le Michigan ?

— Je lui ai donné ma parole que je le dirais à personne.

— Eh ben, moi non, dit M. Caldwell. Elle a de la famille à Ypsilanti. Paraît que c'est pas loin de Detroit.

— Merci, dit Mick.

Mick acquiesça.

— Je suis sérieux, dit M. Caldwell. La prochaine fois, je serai pas aussi gentil.

— Oui, monsieur. Je vous crois. Ça vous embête si je récupère mon pistolet ?

M. Caldwell leva son fusil.

— Allez le chercher. Ensuite, fichez le camp.

Évoluant avec circonspection tout en gardant M. Caldwell en vue, Mick ramassa son pistolet et le tint loin de lui. Il revint dans son pick-up et démarra. Arrivé à la route principale, il s'arrêta pour essuyer la terre et l'herbe sur le Beretta. Il enclencha une vitesse et roula vers la ville.

14

MICK se gara devant l'hôpital et traversa le parking à côté d'un bâtiment à un étage marron foncé avec des persiennes marron, un toit et des gouttières marron. C'était typique d'un établissement médical. La plupart étaient dans des tons de marron, comme si quelqu'un avait sélectionné la couleur la plus fade possible pour compenser la souffrance qui y conduisait les gens.

Shifty Kissick somnolait au chevet de Linda et se réveilla quand Mick poussa la porte. Linda était allongée sur le dos, attachée à des machines, les embouts d'une canule à oxygène de travers sous son nez.

— Comment elle va ? dit Mick.

— Le médecin dit qu'elle va bien. Moi je crois qu'elle irait beaucoup mieux si y avait pas quelqu'un qui venait la secouer toutes les heures.

Mick acquiesça.

— J'ai besoin d'une clope, dit Shifty. Je reviens dans une minute.

— Quelqu'un d'autre est passé ?

— Le chef de la police, mais les toubibs lui ont dit de partir. J'étais contente. Jamais pu le saquer quand il était petit, et maintenant qu'il est adulte, c'est un sale flic.

— J'en suis un aussi, madame Kissick.

— Bah, je te connaissais pas quand t'étais petit.

— Johnny Boy est venu ?

— Non. Ray-Ray et J.C. prennent la relève après leur service du déjeuner.

— Vous vous entendez bien avec J.C. ?

— Oh oui. Il me traite comme si j'étais une vraie bonne mère, c'est beaucoup plus que n'importe lequel de mes fils.

Elle se leva et sortit. Le bruit de la porte réveilla Linda, qui cligna des yeux plusieurs fois, regarda autour d'elle comme si elle essayait de déterminer sa position et posa son regard sur Mick.

— Tu l'as chopé ? dit-elle dans un murmure rauque.

— Non. Tu te rappelles quelque chose ?

— Traverser le jardin. Un coup de feu. Je cours vers la maison. Ensuite rien. Que dalle.

— Quelqu'un dans la maison ?

— Peut-être. Je me souviens pas.

— On a trouvé un homme mort. Par balle.

— C'était moi ?

— Je sais pas.

Mick vit le brusque regain d'énergie quitter le corps de sa sœur. Les muscles de son cou se relâchèrent. Elle s'endormit. Mick lui tint la main et ferma les yeux. Il se réveilla au retour de Shifty, qui sentait la cigarette et mangeait des chips dans un petit sachet. Elle lui en proposa. Il secoua la tête et elle lui tendit une barre chocolatée, qu'il repoussa d'un geste.

— Ils ont une machine en bas qui fait tout payer deux dollars cinquante, dit-elle. Elle m'a bouffé ma monnaie.

— Ça reste mieux que la nourriture d'hôpital.

— Je vais finir par piquer un reste de salade de fruits.

— J.C. vous apportera quelque chose.

Il se leva pour la laisser s'asseoir.

— Quand t'auras trouvé le minable qui lui a tiré dessus, l'embarque pas. Tu l'étales et tu rappliques chez nous, t'entends ?

— Oui, madame.

Mick roula jusqu'au bureau du shérif et appela Sandra en restant à l'abri dans le parking. Il l'aimait bien – bien *bien*, pensa-t-il, comme un collégien. Il n'avait éprouvé ça que pour une seule femme, qui coulait désormais des jours heureux avec un autre homme.

Sandra répondit au téléphone.

— Je vois ton pick-up par la fenêtre, dit-elle.

— Euh, ouais. Je suis pressé. Des nouvelles de la balistique ?

— Linda n'a pas utilisé son arme. Ils ont délogé une balle de .45 d'un cadre de fenêtre dans la maison de Gowan.

— La balle a dû traverser ses poumons d'abord. T'as eu Johnny Boy ?

— Non. Il est sur une affaire de combats de coqs. Il répond pas au téléphone et il appelle pas. Il doit être au fin fond des collines.

— Tu lui transmettrais un message pour moi ?

— Oui, Mick. Ça fait partie de mon travail.

— Euh, oui c'est vrai. Dis-lui que je monte à Detroit. J'ai une piste sur la personne qui a tiré sur Linda.

— Quand est-ce que tu rentres ?

— Ça dépend du temps qu'il me faudra pour localiser le type.

— Le truc, c'est que si tu quittes ta zone de compétence, t'es censé en informer la police locale.

— J'ai pas l'intention de collaborer avec eux.

— Ça m'enchante pas trop, ton plan.

— Rien qui m'enchante, en ce moment.

— Même pas le son de ma voix ?

— Euh...

Il était incapable de trouver quoi dire. C'était pareil avec son ex. La seule femme avec qui il pouvait être lui-même était Linda. Il comprenait que Sandra badinait sur un registre de séduction – un ton léger, une question n'appelant pas de réponse – et il était attendu de lui qu'il réponde à l'avenant. Il détestait le bavardage, même au téléphone, mais il fallait bien dire quelque chose.

— J'aime ta voix, dit-il.

— Nom d'un chien empaillé, dit-elle. Un grand compliment de la part de l'adjoint Hardin en personne. Merci.

— De rien, dit-il machinalement.

— Tiens-moi au courant.

Le téléphone fit un bruit indiquant qu'elle avait raccroché. Il le regarda, puis jeta un œil à la fenêtre du bureau par le pare-brise. Le verre anti-reflet réfléchissait les ombres d'un ginkgo d'ornement dans le parking, un arbre qu'il n'avait jamais aimé à cause de son odeur. Il jeta le téléphone sur la banquette et roula jusqu'à la maison de sa sœur, où il se reposa une heure, un état entre le sommeil et la veille qui le revigora plus ou moins. Une douche froide acheva le travail.

Il revérifia son sac de voyage – chargeurs et munitions de rechange, couteau, pansements militaires, flacon de pilules avec du naproxène, de la ritaline et de l'hydrocodone. Une petite pochette contenait une boussole, de la corde, trois téléphones prépayés, un poncho, une gamelle et un GPS portable. Tous ces articles constituaient son nécessaire de base à l'armée et il les avait gardés. Dans une poche cachée, il avait l'argent retiré à la base. Les espèces s'étaient avérées utiles dans le désert pour les pots-de-vin et les récompenses. Il doutait d'en avoir besoin à Detroit, mais il aimait la précision d'embarquer pour une opération avec les mêmes affaires à chaque fois. Savoir qu'il était pleinement préparé lui permettait de se concentrer sur son objectif principal.

Il prit l'Old Flemingsburg Road jusqu'à Maysville, s'engagea sur l'AA Highway, et gagna Cincinnati en un peu plus de deux heures. Il fit le plein et prit vers le nord sur l'I-75. Le vieux pick-up le forçait à ne pas aller vite, ce qui ne le dérangeait pas. Les véhicules militaires étaient plus lents et il s'était habitué à conduire avec la partie avant de son cerveau tandis que l'arrière passait en revue les paramètres de sa mission. Il avait deux contacts à Detroit dans son téléphone, deux criminels de carrière, dont un professionnel au long cours. L'autre était du menu fretin avec une arme. Le plan de Mick était simple – aller là-bas et appeler les deux.

Quatre heures et demie plus tard, il rejoignit l'extrémité sud de Detroit et dépassa un grand parking rempli de centaines de camping-cars à vendre. Il se demanda quel genre de ville encourageait le départ en le rendant aussi facile. Il suffisait d'acheter une maison roulante et de s'en aller pour toujours. Mick était venu à Detroit deux ans plus tôt et avait passé l'essentiel de son temps dans un motel au rabais près de l'aéroport. Il ne savait pas où habitaient ses contacts et cherchait quelque chose de plus central. La sortie Clark Street l'emmena à Mexicantown, où il mangea chez Schmear's Deli. Lorsqu'il demanda un menu casher, la serveuse tatouée lui jeta un regard suspicieux et secoua brièvement la tête. Il commanda du pastrami, une salade de pommes de terre et du houmous.

Il avait développé un goût pour la nourriture casher alors qu'il travaillait avec une membre des services secrets israéliens, une petite femme experte en armes à feu et imbattable au jiu-jitsu. Mick avait déclaré que le Mossad était le service de renseignement le plus efficace et le plus redouté de la planète. Elle avait ricané et rétorqué : "Là où le Mossad est efficace, c'est de faire en sorte que tout le monde croie ça."

Mick termina son repas et roula vers l'est dans le quartier de Hubbard Farms et s'arrêta à l'hôtel Yorba, un bâtiment délabré avec une vieille enseigne jaune au-dessus de la porte. Trois jeunes hommes le dévisageaient ouvertement, évaluant sa valeur et sa menace potentielles. Il sortit quatre-vingts dollars de son sac, glissa les billets dans sa poche de chemise et descendit du pick-up. Il marcha droit vers eux, sachant qu'il était sur leur territoire, quelques mètres carrés de trottoir qui leur appartenaient exclusivement. Ils étaient prêts à se battre et à mourir pour le défendre. Selon leur perspective, tout véhicule inconnu leur appartenait déjà.

En étudiant leur attitude, Mick identifia le plus petit comme le mâle alpha, large des hanches aux épaules, un physique d'aide-maçon ou de batteur de base-ball. Mick s'approcha et s'arrêta juste à la limite de son espace personnel.

— Mon pick-up, dit-il. J'aimerais vous embaucher pour garder un œil dessus.

— Ça sera pas gratuit, dit l'alpha.

— Vingt par tête. Vingt en plus pour toi.

L'alpha hésita assez longtemps pour sauver la face devant ses jeunes acolytes, puis hocha la tête. Mick lui donna l'argent et pivota sur ses talons. L'hôtel Yorba était un établissement qui ne posait pas de questions à ses occupants, dont plusieurs lézardaient dans le hall comme s'ils prenaient les eaux dans un spa douteux. L'homme à la réception avait le sommet du crâne dégarni, avec de longs cheveux filasse qui descendaient sur ses épaules comme s'ils fuyaient un fléau en haut de sa tête. Absorbé par un match de base-ball sur son iPad, il jeta à peine un regard à Mick, qui paya en espèces, s'enregistra sous un faux nom et prit l'escalier jusqu'à sa chambre au troisième. Quatre murs au papier peint décollé, un mince matelas qui faisait office de lit, une table de chevet aux pieds branlants et une lampe de guingois avec une ampoule grillée. Il s'allongea sur le dos avec son Beretta à portée de main et se força à dormir deux heures.

15

Mick se leva, répartit les billets entre plusieurs poches et quitta l'hôtel avec son sac de voyage. L'alpha de rue avait descendu le hayon du pick-up pour s'asseoir dessus. Mick ne vit ni dégradation ni trace d'effraction.

— Bon boulot, dit-il.

— Personne cherche la merde avec nous, dit l'alpha. C'est chez nous, ici.

Mick acquiesça. Il lui tendit soixante dollars de plus.

— Je risque de rentrer tard. Si vous voyez mon pick-up ce soir ou demain, gardez un œil dessus.

— Cool. Il a quel âge ?

— C'est un 1963. J'ai jamais été doué en maths.

— Cinquante-neuf ans, dit l'alpha avec une note de fierté. Les nombres, c'est mon truc.

— T'as de la chance. Le monde entier est basé sur des nombres.

Le jeune homme se rengorgea et Mick monta dans son pick-up. Embaucher des voleurs potentiels pour surveiller son véhicule était un grand classique. Ceux-ci étaient flattés de se voir confier des responsabilités, et la stratégie permettait d'éviter toute confrontation future.

Mick roula au hasard en élargissant peu à peu son périmètre jusqu'à trouver un parc avec un terrain de base-ball et une patinoire de hockey. Il se gara à côté d'une maison de quartier et entra dans le parc avec son sac. Passer ses appels depuis un espace public était un autre classique. Si quelqu'un localisait son téléphone, il trouverait le parc et pas lui. Il fit défiler les noms de son répertoire jusqu'à Vernon Armstrong.

Vernon avait de la famille dans le Kentucky mais avait grandi à Detroit et travaillait pour Charley Flowers, un professionnel du crime que Mick n'avait jamais rencontré. La vague de répression du trafic d'OxyContin dans les collines avait occasionné une pénurie et les toxicos étaient simplement passés à l'héroïne. Charley Flowers avait répondu à la demande du marché en utilisant la vieille "autoroute des péquenauds" pour acheminer de la blanche dans les Appalaches. Trois ans plus tôt, Vernon et son acolyte avaient tendu une embuscade à Mick devant la cabane de son grand-père, une entreprise qui s'était mal terminée pour les assaillants.

Une enfant répondit au téléphone de Vernon, bientôt remplacée par une voix de femme.

— C'est le téléphone de ma fille, dit-elle. Elle a sept ans. Si vous rappelez, je vous mets les poulets au cul.

Mick raccrocha, songeant que les opérateurs de Detroit devaient être à court de numéros et recyclaient les anciens. Il avait le numéro du patron de Vernon, Charley Flowers. Ils s'étaient parlé une fois, brièvement, alors que Mick aidait la mère de Raymond à se dépêtrer d'une situation délicate. Un homme répondit.

— C'est qui ?

— Dites à Charley Flowers que c'est l'ami de Shifty Kissick, du Kentucky.

— Y a pas de Charley ici.

— Faites passer le message. Il sait qui je suis. J'ai une proposition à lui faire.

L'homme raccrocha et Mick patienta. Deux hommes afro-américains disputaient une partie d'échecs sur une petite table avec soixante-quatre carrés gravés dessus. Un vieil homme aux cheveux gris et à la barbe blanche naissante jouait la défense contre un jeune maigrichon qui flottait dans ses vêtements. Le jeune prit un fou au centre de l'échiquier. Le vieil homme eut un hochement de menton presque imperceptible.

— Tu es sûr de ton coup ? dit-il.

— Carrément, dit le jeune. Tu tiens plus la diagonale noire et ta dame est coincée. Ma tour va t'achever.

Trois coups plus tard, le vieil homme le mettait échec et mat.

— Merde, dit le jeune.

— T'étais obnubilé par ma dame et t'as oublié mes cavaliers. Ils bondissent dans tous les sens, comme des lapins.

— Revanche ?

— Passe à la caisse.

Le jeune posa quatre cigarettes sur la table et commença à aligner les pièces pour une nouvelle partie. Le vieil homme fixa Mick du regard.

— Vous jouez ?

— Pas contre vous, monsieur. Vous me colleriez une raclée.

Le téléphone de Mick sonna et il répondit.

— Quoi ?

— Donne-moi quelque chose pour prouver que t'es qui tu dis.

— Freddie a fait un AVC. Le nouveau partenaire de Vernon tire de la main gauche.

— Plein de gens savent ça.

— Le sac-poubelle au dépose-minute de l'aéroport.

L'appel se termina. Mick s'écarta des joueurs d'échecs. Le courant d'air apporta une odeur de cannabis et le bruit d'un semi-remorque qui accélérait. Deux jeunes skateurs faisaient des slides sur le muret entourant une fontaine à sec. Son téléphone sonna, en numéro masqué.

— C'est vous, le soldat ?

— Retraité, dit Mick.

— Je recrute pas. Vous voulez quoi ?

— Qu'on se voie.

— Pourquoi ?

— J'ai besoin de vous parler d'un truc.

— Ben j'écoute.

— Pas au téléphone. Vous ne perdrez pas votre temps.

— Vous êtes où ?

— Minute.

Mick revint vers les joueurs d'échecs, qui le renseignèrent.

— Clark Park, dit Mick au téléphone.

— Pas bon.

— Dites-moi où aller.

— Alpine Street.

— Quelle adresse ?

— Allez dans la rue. On vous trouvera. Vous conduisez quoi ?

— Pick-up bleu. Chevy stepside 1963.

— Enfin un bon point pour vous.

— Vous aimez les vieux pick-up ?

— J'aime rien de vieux. Ça veut dire que vous êtes ni un fed ni un connard d'infiltré.

Charley Flowers raccrocha et Mick retourna à son pick-up. Il entra le nom de la rue dans le GPS de son téléphone et prit Clark Avenue jusqu'à Michigan Avenue, puis remonta vers le nord sur Livernois Avenue, une multivoie traversant une zone commerciale. Les magasins étaient principalement dédiés à l'automobile – pièces, pneus, carrosserie, pots d'échappement. Un bâtiment remarquablement long s'étendait sur trois pâtés de maisons, sans signalétique. Les rues secondaires étaient résidentielles. Il tourna sur Joy Road et dépassa des maisons en phase de ravalement perpétuel ou de délabrement tout aussi perpétuel. Des églises, des centres de services sociaux et des magasins de spiritueux. Des magasins d'électroménager d'occasion aux devantures effacées et un restaurant appelé Annie Mae's Kitchen.

Il s'engagea sur Alpine Street. Le bitume craquelé était jonché de détritus, de terre et de bouts d'asphalte comme des biscuits carbonisés, si bien que la rue n'avait plus qu'une seule voie, constellée d'énormes nids-de-poule et flanquée de murets en parpaing de part et d'autre. Des pans de vigne vierge recouvraient les murets, au pied desquels poussait de la carotte sauvage. Mick ralentit à hauteur d'une intersection et l'avant d'une voiture approcha depuis Westfield Street. Mick s'arrêta et l'autre voiture avança pour lui bloquer le passage. C'était une vieille voiture de police, customisée avec une suspension rehaussée et des grosses jantes. Un autre véhicule s'arrêta derrière Mick, un SUV noir avec des vitres aussi sombres qu'un corbillard. C'était une jolie manœuvre, qui lui rappela celles qu'il effectuait en Irak. Il était coincé.

Mick empoigna le Beretta sur ses genoux et baissa sa vitre. Un jeune homme descendit de la voiture de police en tenant un AR-15. Mick jeta un œil dans le rétroviseur et vit deux hommes, un de chaque côté de son pick-up, un noir, l'autre blanc, tous deux armés. Mick laissa l'arme sur ses genoux et posa ses deux mains sur la fenêtre. L'homme qui s'approchait avait la peau foncée et une casquette des Lions portée en travers. Il braquait un pistolet 9 mm sur la tête de Mick.

— Arme ? dit-il.

Mick acquiesça.

— Doucement.

Tenant le Beretta entre son pouce et son index, Mick le lui passa à travers la vitre.

— Autre chose ?

Mick haussa les épaules et désigna son sac de voyage. L'homme adressa un signe à la voiture et un troisième homme les rejoignit, très petit et très large, comme s'il avait d'abord été géant avant de se faire ratatiner.

— Vérifie le sac, dit le premier homme.

Il se décala afin d'éviter de toucher son copain en cas de fusillade. Le petit ouvrit le sac et inspecta son contenu, jeta un regard dur à Mick et dit :

— Couteau, munitions. Deux trois autres bricoles.

— Prends le sac, dit le premier homme.

Il recula et s'adressa à Mick.

— Descends lentement. Laisse les clés.

Mick s'extirpa du pick-up et se pencha contre le capot pour une palpation. Sous escorte, il arriva sur la banquette arrière du SUV noir. Le conducteur l'examina dans le rétroviseur. Le premier homme s'assit à côté de Mick, tenant le pistolet proche de son corps. C'était une équipe efficace, pensa Mick. Bien entraînée. Celui avec le sac de voyage s'installa devant.

— Quoi ? dit Mick. Pas de capuchon ?

— Mets ta tête entre tes genoux. Et boucle-la.

Mick s'exécuta. Il essaya de mémoriser le trajet, mais perdit le compte à cause des cahots sur des rues défoncées et d'une suite de bifurcations tortueuses. Le SUV s'arrêta. La portière s'ouvrit.

— Sors, dit un nouvel homme.

Mick quitta le véhicule et fit face aux hommes armés, deux Noirs et un Blanc, tous vêtus avec des vêtements amples et de grosses chaussures montantes. Il n'y avait aucun panneau de rue et le quartier paraissait similaire à celui d'Alpine Street. Mick se tenait devant une grosse structure en briques à côté d'un parking vide avec trois voitures désossées et renversées sur le côté. C'était un rempart de fortune, idéal pour se défendre.

Les hommes le forcèrent à monter une volée de marches jusqu'à une porte en acier. Le premier toqua selon un signal convenu, recula et fixa une minuscule caméra de sécurité dans un coin. La porte s'ouvrit et Mick entra dans une antichambre où un autre homme le passa au détecteur de métaux. L'homme lui fit enlever sa chemise et descendre son pantalon afin de s'assurer qu'il n'avait pas de micro caché.

Satisfait, il conduisit Mick à travers une deuxième porte en acier jusqu'à une vaste pièce contenant un canapé luxueux, une table, un fauteuil et quatre chaises. Le long d'un mur, il y avait du matériel de cuisine dernier cri. Deux fenêtres avaient des persiennes en métal partiellement levées pour laisser pénétrer la mince lumière de Detroit. Une mitrailleuse Browning M2 de calibre 50 alimentée par bande et montée sur un trépied était positionnée de manière à couvrir l'extérieur. Elle était braquée sur le terrain vague que Mick avait vu en arrivant. En cas de retraite depuis les voitures désossées, la mitrailleuse pourrait protéger la zone.

L'homme court sur pattes posa le sac de voyage sur la table et alla à la porte. Mick était calme. Il s'était trouvé dans une position similaire une douzaine de fois, dans l'attente d'une rencontre avec un chef de guerre quelconque en Afghanistan. Certains étaient des psychopathes, d'autres des brutes égocentriques, d'autres encore juste des sales types. Tous avaient recours à l'inusable technique d'intimidation consistant à faire attendre Mick. Plus l'attente était longue, plus le chef de guerre était fou.

Trois minutes plus tard, une porte s'ouvrit sur un homme noir au teint clair et aux cheveux courts. Une longue cicatrice lui fendait le sourcil et traversait sa joue jusqu'à la mâchoire. Il portait un costume gris au motif discret, adapté à toute occasion, et une cravate bleu ciel. De taille et de poids moyens, on aurait pu le prendre pour un employé de banque, un cadre de bureau ou un directeur d'agence immobilière – jusqu'à aviser sa cicatrice. Un néophyte aurait pu croire qu'elle provenait d'un accident de voiture, mais Mick en avait vu d'autres. La cicatrice était trop large et irrégulière pour être l'œuvre d'un chirurgien.

L'homme observa Mick un long moment. L'assurance tranquille du pouvoir émanait de lui comme un parfum.

— Je suis Charley Flowers, dit-il.

— Mick Hardin.

Charley Flowers fit un petit mouvement de la main et tout le monde quitta la pièce à l'exception de l'homme avec la casquette des Lions.

— Vous avez déjà rencontré Bone, dit-il. Il a pas fait d'histoires, Bone ?

Bone fit non de la tête. Charley désigna le sac de voyage.

— Y a quoi dedans ?

— Un kit de survie, dit Bone. Il est venu pour faire la guerre, prêt à mettre les voiles en vitesse. Il est dangereux.

— C'est vrai, le soldat ? Vous êtes dangereux ?

— Ancien soldat, monsieur Flowers. Non, je ne suis pas dangereux.

— Alors pourquoi le sac ?

— Au cas où le danger viendrait à moi.

— J'aime les hommes préparés. Vous voulez quoi ?

— J'ai un petit problème. Vous pouvez peut-être m'aider.

Mick regarda une lueur d'amusement traverser le visage de Charley à la vitesse d'un serpent dans l'herbe. Charley le dévisagea avec un intérêt renouvelé. Peu de gens savaient résister à la curiosité devant un petit problème, surtout chez un adversaire.

— Asseyez-vous, dit Charley. Vous voulez boire quelque chose ? J'ai une nouvelle machine à expresso. Une Marzocco. J'adore l'expresso.

— Merci, dit Mick. De l'eau, ça ira.

Il attendit que Charley s'installe dans le canapé et désigne le fauteuil. Il s'assit. Bone s'affaira devant une machine jaune vif qui émit un mince filet de café en moins d'une minute. Il servit une petite tasse sur une soucoupe à son patron, puis apporta à Mick une bouteille d'eau hors de prix.

— Pas mal, le dispositif, dit Mick. J'imagine que vous avez une caserne, une armurerie et des vivres pour un mois.

— Six mois.

Ils sirotèrent leur boisson. Bone se tenait quelque part derrière Mick. Aucun bruit de l'extérieur ne pénétrait dans la pièce et Mick se demanda si les vitres étaient pare-balles. Il chercha du regard une embrasure de tir dans la fenêtre.

— Vous approuvez le calibre 50 ? dit Charley.

— Bonne arme. Je connais la Barrett. Petit canon et poids léger pour le terrain.

— Elle tire du 7,62 ?

Mick acquiesça. Charley dégusta son expresso d'un air satisfait et posa la tasse sur la soucoupe.

— Alors. De quel genre d'aide vous avez besoin ?

— C'est une affaire de famille.

— Toujours délicat.

— Quelqu'un a tiré sur ma sœur. Elle est à l'hosto.

— Pronostic ?

— Six mois de rééduc et elle pourra marcher. Trop tôt pour savoir si elle boitera, ou à quel point.

— C'est arrivé ici à Detroit ?

— Non monsieur. Au Kentucky.

— Dans ce cas, je ne suis pas sûr de pouvoir quelque chose pour vous.

— J'ai identifié une témoin. Elle est venue se planquer ici. Il y a un type qui bosse pour vous dont la famille vient des collines. Vernon Armstrong. Il saura peut-être où chercher.

— Et si vous trouvez cette témoin ?

— Je lui demanderai qui a tiré sur ma sœur.

Charley s'enfonça dans son canapé avec son expresso. Il le buvait à toutes petites gorgées, comme pour le faire durer. Mick but la moitié de sa bouteille d'eau, du carburant pour la machine de son corps.

— J'aime les hommes qui prennent soin de leur famille, dit Charley. C'est comme ça que je me suis lancé.

Mick hocha la tête.

— Je porte le prénom de mon oncle, dit Charley. Il s'est fait fumer dans le New Jersey il y a cinquante ans. Le tueur était déjà mort, mais pas le commanditaire. Il avait pris sa retraite en Floride.

— Sympa, la Floride.

— Pas pour lui, dit Charley.

Mick corrigea son évaluation initiale. Charley Flowers appartenait à ces rares sociopathes qui possédaient du charisme, de l'ambition, de la ruse et une grande intelligence. Les gens comme lui excellaient dans l'arène impitoyable de la politique et des affaires.

— Monsieur Flowers, dit Mick. Vous m'avez tout l'air d'un homme brillant.

— J'ai fait un MBA à Michigan Ross. Vous ?

— Cours du soir pendant huit ans.
— Faut une certaine discipline.
Mick acquiesça.
— Si je vous aide à régler votre problème, dit Charley, qu'est-ce que j'y gagne ?
— Environ dix-huit mille dollars. Ils sont dans le sac.
La même lueur d'amusement fusa sur le visage de Charley. Il posa la petite soucoupe sur la table en bois poli.
— Je n'aime pas décevoir mes invités, dit Charley, mais je vous assure que ce genre de somme est plus une gêne qu'autre chose.
— Vous ne pouvez pas utiliser de cash ?
— Le stockage, c'est le premier problème. Ensuite, il faut le transformer en revenu légal.
— Le blanchir.
— Je préfère le terme "recycler". Vos dix-huit deviennent sept, ce qui ne couvre pas mes charges courantes. Désolé, mais ça ne vaut pas le coup.
— Vous négociez ? Parce que je peux pas monter plus haut.
— Quand j'avais dix ans, dit Charley, j'ai économisé pendant trois mois pour acheter un caméléon. Vert foncé, une quinzaine de centimètres de long. Je l'ai emmené dans la ruelle derrière l'animalerie et je l'ai posé sur une feuille blanche. Je suis resté planté là trente minutes. Il a jamais changé de couleur. Je l'ai mis sur un bout de papier goudron. Il est resté de la même couleur. Je l'ai écrasé avec mes Timb'.
Mick hocha la tête.
— Vous savez pourquoi je vous raconte cette histoire ? dit Charley.
— Vous aimez pas les lézards.

— C'était un jour important pour moi. J'ai arrêté de chercher à rentrer dans les cases. J'ai juste tué tout ce qui ne faisait pas ce que je voulais.

Charley semblait avoir quelque chose en tête et Mick se demanda ce que c'était. S'il s'agissait de le tuer, il serait déjà mort. Peut-être que c'était simplement une conversation avec quelqu'un qui n'était ni un larbin ni un rival. Les gens les plus puissants étaient souvent les plus seuls.

— J'aimerais quand même parler avec votre Vernon, dit Mick.

— Vous m'en devrez un.

— Un quoi ?

— Un service. Ce que je veux, quand je veux.

— Vendu.

Charley se tourna vers Bone, qui s'éloigna, sortit un téléphone et parla à voix basse. Il raccrocha.

— Dix minutes, dit Bone.

— Ça vous embête d'attendre ? dit Charley.

— Non monsieur, dit Mick.

— Il peut se passer beaucoup de choses en dix minutes.

— À Vegas, ça laisse le temps d'un mariage ou d'un divorce.

— En vingt minutes, on peut faire les deux.

Charley s'avança à la fenêtre comme pour contempler son empire, roi solitaire d'un pays pris par la ruse et la force. Mick comprit qu'il s'exposait délibérément de dos pour montrer à quel point il ne le craignait pas.

— Ici dans le Michigan, dit Charley, beaucoup de vétérans deviennent agents pénitentiaires. Vous y avez déjà pensé ?

— Pas pour moi. J'ai reçu assez d'ordres comme ça.

— Vous connaissez des matons ?

— Non, il n'y a qu'une prison dans les collines. Elle est à West Liberty avec une adresse à Road to Justice.

— Quelle terrible ironie, dit Charley. Et les détenus ? Vous en connaissez ?

— Je suis parti vingt ans. Pourquoi ?

— Je réfléchis au service que vous me devez. Il n'y a pas de régulation bancaire en prison. Ça veut dire que le fisc n'a pas accès aux transactions, ni aux montants. Du coup, c'est facile de recycler de l'argent. Combien, Bone ?

— Six cent mille au total, dit Bone.

— Où ?

— Marquette, Baldwin et Milan.

— Comment on récupère de l'argent depuis une prison ? dit Mick.

— On le dépose sur le compte d'un détenu de courte durée. À sa libération, il nous signe un chèque. Bingo ! Revenu légitime.

— Pas bête, dit Mick. Mais je connais ni taulards ni matons.

Bone parla dans son téléphone, puis il regarda Charley, qui fit un petit geste que Mick interpréta comme une confirmation. Bone parla de nouveau. La porte d'entrée s'ouvrit et Vernon Armstrong s'avança. Sa posture était formelle, tournée vers Charley Flowers.

— Patron, dit-il.

— Tu connais cet homme ? dit Charley en désignant Mick.

— Que trop bien.

— Tu vas faire ce qu'il demandera, dit Charley. Trimballe-le. Fais savoir aux gens qu'il est sous ma protection.

Vernon opina du menton. Charley le congédia d'un mouvement imperceptible, puis il regarda Mick pendant plusieurs secondes. Mick s'aperçut qu'il avait devant lui le vrai Charley Flowers, des yeux glaciaux emplis d'une fureur implacable.

— Quand je vous demanderai mon service, dit Charley, pensez à ce caméléon.

16

La voiture de Vernon était une Impala grise récente à la carrosserie immaculée. Mick posa son sac de voyage sur la banquette arrière.

— Je t'imaginais dans quelque chose de plus bling-bling, dit-il.

— C'est Charley qui veut qu'on roule avec ça. C'est la voiture la plus répandue à Detroit. Plus facile de se fondre dans la masse.

— Pas bête.

— Mec, t'as pas idée. Charley étudie tous les angles et les stats avant de faire quoi que ce soit. Il a fait pareil avec toi, sinon tu serais pas là en ce moment.

Mick acquiesça. Ils montèrent dans l'Impala et Vernon démarra, déclenchant une bourrasque d'air froid et de musique tapageuse. Il baissa le volume.

— Charley a dit de te conduire. On va où ?

— Je cherche une certaine Penny Lawson. Elle vient des collines. Elle est montée ici pour crécher chez des parents. Peut-être à Ypsilanti.

— C'est à trois quarts d'heure de route, à peu près.

Vernon passa une vitesse et roula doucement, contournant les nids-de-poule les plus sévères. Il gagna Southfield Freeway par un quartier résidentiel. Quarante-cinq minutes, c'était assez pour que Mick fasse une sieste. Il inclina son siège, ferma les yeux et dit :

— Me fous pas en l'air.

Il ouvrit un œil quand Vernon s'engagea sur l'I-94 vers l'est, plongea dans un sommeil paradoxal quelques minutes, puis s'éveilla en sursaut quand la voiture quitta l'Interstate pour Huron Street. Ils entrèrent dans un quartier où s'alignaient de solides maisons typiques du Midwest, bâties pour tenir l'hiver, avec des porches étroits, des toits bas et des bardages à clins.

— T'es toujours en binôme avec l'autre fausse patte ? dit Mick.

— Non. Il a fini en taule.

— Ici, dans le Michigan ?

— Système fédéral. Ils passent leur temps à le trimballer, quelques mois ici, quelques mois là, pour faire chier sa famille. Il est resté deux semaines dans un fourgon qui allait dans l'Indiana.

— Pour quoi il est tombé ?

— Ils l'ont arrêté à cause d'un désodorisant suspendu à son rétro, mais c'était clairement du délit de faciès. Ensuite, ils ont trouvé ses armes. Ancien taulard, tu connais. Reparti pour un tour.

— T'as pas eu d'autre partenaire depuis ?

— Nan, Charley m'a mis à la formation des nouveaux.

— Il doit te faire confiance.

— Assez pour te trimballer. Pas comme si j'en mourais d'envie, hein.

Vernon bifurqua sur Michigan Avenue et Mick se demanda si c'était la même qui traversait Detroit. Une rue interminable. Vernon désigna une grande structure de pierre en forme de phallus géant avec deux drapeaux à sa base.

— Tu vois ça ? On l'appelle "la bite en brique". C'est un château d'eau.

— Pourquoi le drapeau grec ?

— Ypsilanti, c'est grec. Y a de l'histoire dans tous les coins ici, quand on sait où regarder. T'as déjà entendu parler d'une ville qui s'appelle Novi ?

— Non.

— C'est devenu une ville branchée. À la base, c'était juste un arrêt du train numéro six. C'est comme ça qu'elle a eu son nom. Tu captes ?

Mick secoua la tête.

— Numéro six en chiffres romains, dit Vernon. Les panneaux disaient tous "N°VI". Novi.

Ils s'enfoncèrent dans les quartiers, passant devant des vendeurs de voitures, des salons de tatouage et des magasins qui vendaient de l'essence et des snacks. Les bâtiments étaient trapus et larges, tels des sumotoris. Tous les deux kilomètres, chaque rue prévoyait une voie pour faire demi-tour.

— On va où ? dit Mick.

— Chez Mack. C'est un bar. Tu connais un peu Ypsi ?

— Jamais mis les pieds.

— C'est là où toutes les familles s'installaient quand elles venaient chercher du boulot à l'usine. Y avait tellement de gens des collines qu'ils l'ont appelée "Ypsitucky". Aujourd'hui, le nom est mal vu. C'est presque devenu un gros mot.

— Un gros mot ?

— Ouais, c'est con. Y a des insultes bien pires que de dire à quelqu'un qu'il vient d'Ypsitucky.

Vernon traversa une zone semi-industrielle qui s'ouvrait sur une série de rues commerçantes – magasins, prêteurs sur gages, agences de prêt sur salaire, églises. Il s'arrêta à l'angle de deux rues et sortit. Une vieille enseigne métallique en saillie du mur en brique annonçait MACK'S. La fenêtre unique était protégée par des barreaux, avec une longue ouverture au-dessus pour laisser entrer la lumière. La porte était recouverte de tôle froissée.

— T'as une arme ? dit Vernon.

— Ouais.

— Ici, si t'en as pas, on t'en file une.

Mick le suivit à l'intérieur. La lumière du soleil découpa leurs silhouettes dans un contour imprécis sur un sol crasseux, les ombres se dissipant à mesure que la porte se fermait derrière eux. Vernon s'avança dans l'obscurité tandis que Mick restait immobile, laissant ses pupilles s'agrandir et s'ajuster à la pénombre. L'air sentait la cigarette, le steak grillé, la sueur, le whiskey et la bière. Quelques tables libres trônaient au milieu.

Contre le mur, il y avait une rangée de box séparés par de hautes cloisons de bois, comme dans un vieux speakeasy. Les box étaient tous vides sauf un, occupé par un couple âgé, la femme appuyée contre le mur, les yeux fermés. En face d'elle, un homme parlait et gesticulait comme s'il assénait des arguments indiscutables.

Trois clients étaient accoudés au bar, suffisamment espacés pour boire en paix. Le mur derrière eux avait été orné d'un papier peint rouge et noir exubérant, dont le motif délavé était désormais indiscernable. Le menu proposait un burger avec ou sans fromage et deux sortes de chips. Une vieille enseigne de bière Hamm's montrait une tente, un canoë et un feu de camp qui semblait émettre de la fumée. Mick regarda l'image électronique se déplacer lentement sur le côté pour dévoiler une cascade tombant dans une rivière. Il détourna les yeux pour éviter d'être hypnotisé.

Vernon alla au milieu du comptoir, racla un cendrier sur la surface et resta devant avec la patience de quelqu'un qui attend le bus. De la pénombre au fond du bar leur parvenait le grondement étouffé de billes de billard dégringolant à l'intérieur d'une table payante. Jeune soldat, Mick avait passé des heures à jouer au jeu de la huit à des tables similaires – la blanche légèrement plus grosse que les autres pour la laisser en jeu en cas de faute. Mick passa devant Vernon, qui contemplait une trappe ouverte au sol. Mick devina que le barman devait être en bas en train de récupérer des provisions. Il poursuivit vers le fond, où une lampe en plastique à l'effigie de la bière Stroh's était suspendue au-dessus de la table de billard dans une petite alcôve. Derrière le billard, il y avait les portes des toilettes, avec un écriteau manuscrit entre les deux qui détaillait les règles du jeu :

QUI PAIE CASSE
POCHES ANNONCÉES
UN PIED AU SOL
PAS DE VERRES SUR LA TABLE
FUMETTE INTERDITE

Deux hommes d'une vingtaine d'années en regardaient un autre, un peu plus âgé, préparer un coup. La blanche était contre le bord et l'espace était trop restreint pour qu'on recule la queue sans heurter le mur. Le joueur avait ouvert la porte des toilettes des hommes et la maintenait avec son pied pour se donner suffisamment de place. Il frappa la blanche délicatement, l'envoyant effleurer une bille rayée qui tomba dans une poche en coin. Lorsqu'il alla se positionner pour le coup suivant, la porte se ferma derrière lui. Il rentra deux nouvelles rayées, puis manqua un long coup à plusieurs bandes et alla s'asseoir sur un banc. Le deuxième homme étudia l'agencement des billes pleines. Satisfait, il fit le tour de la table et se pencha pour tirer.

Le troisième homme leva rapidement le menton à l'adresse de Mick, marque de salutation traditionnelle dans les collines.

— La gagne ? dit l'homme.

— Nan, dit Mick en forçant son accent. J'me ferais plumer comme un poulet.

— T'es d'où, mon gars ?

— Comté d'Eldrige.

— Vers le comté de Pick ?

Mick acquiesça.

— Tu fais quoi ici ?

— Rien. Je viens d'arriver aujourd'hui.

— Direct des collines ?

— Armée d'abord.

— Arlow a fait l'armée.

Mick jeta un regard à l'homme assis sur un banc. Il avait les cheveux clairs et le teint rougeaud caractéristiques des collines. Il portait une chemisette ample déboutonnée par-dessus un T-shirt. Il dévisagea Mick.

— J'étais dans la 82e à Fort Bragg, dit Arlow. Trois missions en Irak.

— La mort par en haut, dit Mick en citant la devise de la 82e aéroportée. J'étais dans la 101e.

— C'est comment déjà ? Rendez-vous avec le crottin ?

Mick sourit sur le jeu de mots avec "destin".

— T'as tiré tes vingt ans et t'es parti ? dit Arlow.

Mick acquiesça.

— T'as pas sauté pendant vingt piges, dit Arlow. Travail de bureau ?

— Muté au CID.

Arlow se leva lentement. Debout, c'était un costaud aux épaules larges, aux hanches étroites et aux longues jambes.

— C'est un putain de flic, dit-il.

— Retraité, dit Mick.

— Flic un jour, flic toujours.

Mick perçut un mouvement soudain à sa gauche. Son entraînement prit le dessus sur le réflexe naturel de s'écarter et il se tourna vers la menace pour aller au-devant de l'ennemi. Le joueur de billard agitait sa canne à deux mains à la manière d'une batte de base-ball. Mick s'accroupit sous son arc, frappa l'homme à la gorge et lui donna un coup de pied entre les jambes. L'homme s'avachit. Mick attrapa la canne et pivota vers le premier homme, qui tirait un Glock de l'arrière de son pantalon. Mick le frappa au coude avec la canne, avec assez de force pour engourdir le bras mais pas assez pour casser un os. Le Glock tomba de sa main ankylosée. Mick écarta l'arme d'un coup de pied et lui asséna deux coups de poing, le deuxième atteignant la partie molle derrière l'oreille. La tête de l'homme fusa sur le côté et il s'effondra.

Mick se tourna vers l'ancien soldat qui lui faisait face à l'autre bout du billard. Arlow souriait.

— Pas mal, dit-il. C'est bon, t'es chaud ?

Mick acquiesça.

— Comment tu veux la jouer ? dit Arlow. Poings et bottes ?

— Allez. C'est un peu étroit pour une fusillade.

Très lentement, Arlow tira de sous sa chemise un SIG Sauer taupe P320. Conçu à partir de l'arme militaire standard, c'était un pistolet plus compact pour les civils. Arlow le posa à côté d'un moucheron mort sur la table de billard.

— Il est bien, ce flingue ? dit Mick.

— J'aime bien le M17. Mais ça, c'est mieux pour la rue. Moins lourd. Toi ?

Mick sortit son Beretta.

— Couteau ? dit-il.

Avec un sourire faussement penaud, Arlow posa une botte sur le banc et en sortit d'un fourreau un couteau tactique à lame fixe. Il le posa sur la table.

— Tu connais des Lawson ? dit Mick. Du Kentucky.

— Nan, je suis de Grand Rapids.

Le premier assaillant avait commencé à reprendre ses esprits et essayait de sortir un pistolet d'une poche cargo. Mick lui donna une petite chiquenaude avec la queue de billard, pas très fort, mais assez pour avoir son attention. L'homme cessa de bouger et Mick retira un Smith & Wesson compact 9 mm Shield de sa poche. L'homme lui cracha dessus mais manqua la cible.

— C'est con de mettre ton arme ici, dit Mick.

— Je t'emmerde.

— Il était de côté, pas vrai ? Tu peux pas trouver la crosse facilement. Si ton pantalon glisse, le flingue te pète le genou. Je connais un type qui s'est collé une balle tout seul comme ça. Il s'est abîmé la quéquette.

L'homme prépara un nouveau crachat. Mick le frappa avec la partie large de la canne, une petite tape sur la mâchoire qui l'étourdit. Mick se tourna vers Arlow et parla.

— Tu devrais expliquer deux trois trucs à ces petits gars.

— On peut rien leur dire. Ils ont jamais vécu nulle part ailleurs et ils savent pas à quel point ils sont cons.

— C'est vrai partout.

Depuis l'entrée de l'alcôve leur parvint le bruit reconnaissable entre mille d'une balle enclenchée dans la chambre d'un fusil. Mick s'immobilisa, conscient qu'il tenait un pistolet dans chaque main.

— Petit, dit une voix ferme d'homme. Pose ces putains de flingues.

Mick obéit, plaçant les armes avec précaution sur le billard. Très lentement, il pivota vers un homme muni d'un fusil de combat Benelli. Il était petit et corpulent, bâti comme une souche, sans cou, comme si sa tête était attachée à son torse. Ses épaules étaient larges et plates comme un manteau de cheminée. Derrière lui se tenait Vernon, qui secouait la tête en regardant Mick.

— Fais trois pas en arrière, dit l'homme.

Mick s'exécuta. Il était presque contre le mur et les armes étaient hors de portée.

— C'est chez vous ? dit Mick.

— Ouais, c'est mon bon Dieu de bar. Maintenant dégage d'ici.

— C'était pas lui, dit Arlow. C'est Joe Bob qui a commencé.

— Je me fous de savoir qui a commencé quoi, dit l'homme au fusil. C'est ce blaireau qui l'a fini. Maintenant, dehors. Toi aussi, Arlow.

— Euh, dit Vernon. Il est avec moi.

— Alors toi aussi tu dégages. Tous autant que vous êtes. Une semaine d'exclusion.

— Ce que je veux dire, précisa Vernon, c'est que ce type est avec moi et tu sais avec qui je roule.

— Oui, je sais.

— Donc voilà.

L'homme armé recula jusqu'à se tenir à côté de lui. Le fusil toujours braqué sur Mick, il jeta un rapide coup d'œil à Vernon.

— C'est un des hommes de Charley, alors ?

— Pas exactement.

— Arrête de tourner autour du pot. Pas exactement quoi ?

— Je sais pas. Charley m'a dit de faire le chauffeur pour lui.

— Il t'a demandé personnellement ?

— Voilà.

Mack fit un geste avec son fusil.

— Parle, le blaireau.

— Je suis un associé de M. Flowers.

— Ça veut dire quoi, ça, bordel ?

— On se rend service mutuellement. Mes excuses pour le dérangement, monsieur Mack. Je vous rembourserai tous les dégâts.

— Ce bon Dieu de rade en a vu d'autres. Appelle-moi Shorty et dis-moi tu. Comme tout le monde.

Il baissa complètement son fusil et regarda Arlow.

— Fais sortir tes copains d'ici, dit-il.

— C'est un flic, dit Arlow. Et c'est pas mes copains.

— Maintenant si. Dégage-les par l'arrière. Vernon, aide-le. Le blaireau, tu viens avec moi.

Arlow et Vernon se regardèrent et haussèrent les épaules en tandem, prêts à travailler ensemble et alléger le fardeau de l'autre. Ils s'attelèrent à la tâche. Shorty rassembla les armes et fit signe à Mick de le précéder dans la salle principale. Quatre caisses neuves de bière tiède étaient empilées au bout du comptoir.

— Besoin d'un coup de main avec ces bières ? dit Mick.

— J'ai pas besoin d'un bon Dieu de coup de main, encore moins de ta part.

Mick hocha la tête.

— Pose ton cul, dit Shorty. Ton histoire avec Charley, c'est pas mes oignons. Mais puisque t'es venu ici, ça le devient.

Mick s'installa au dernier box. Shorty traîna une chaise et s'assit avec le fusil sur ses genoux. Il entreprit de décharger les pistolets.

— Ce Benelli, dit Mick, c'est le M1014, c'est ça ?

— Beaucoup de boucan. Je m'y suis habitué dans le sable.

— La plupart des mecs que j'ai vus l'utiliser étaient des marines.

— *Semper fi*. Toi ?

— 101ᵉ.

— Bon Dieu de troufion.

— Tu dis beaucoup “bon Dieu”. On te l’a déjà dit ?

— Mon ex-femme, ouais. Tu sais pourquoi ? Je vais te dire. Quand j’étais gosse au Kentucky, dire “bon Dieu”, c’était le pire du pire. C’était invoquer le nom du Seigneur en vain. Mais moi j’étais pas d’accord. Quelqu’un éternuait et les gens disaient “Dieu te bénisse”. Ça, c’était invoquer le nom du Seigneur en vain, si tu veux mon avis. Tout le monde éternue et tout le monde jure.

— Jamais vu ça comme ça, dit Mick.

— Comme beaucoup de gens. Tu veux quoi ?

— J’aimerais avoir mon Beretta.

— Peut-être d’ici une minute. Pourquoi Vernon t’a amené ici ?

— Quelqu’un a tiré sur ma sœur. Un témoin est venu se cacher ici, une femme du nom de Penny Lawson.

— Connais pas. C’est quoi cette histoire de flic ?

— CID à l’armée. Retraité.

— Chie du feu, dit Shorty. (Il sourit et secoua la tête.) Tu tireras rien d’Arlow. Il a passé plus de temps aux fers qu’en caserne.

— Ça m’est égal. Je veux trouver Penny Lawson.

Vernon arriva par la porte d’entrée avec une mine dégoûtée, essuyant ses mains sur son pantalon.

— Un des petits a gerbé, dit-il.

— Ici ? dit Shorty.

— Non, dans la ruelle.

— Rien à foutre, alors. Y sont où ?

— Dans leur voiture, dit Vernon. Arlow demande son couteau. Il dit que c’est un souvenir de mission.

— Pourquoi il vient pas le demander comme un grand ?

— Tu l’as banni.

Le sourire de Shorty se mua en un rire haut perché. Il se tapa deux fois le genou, chose que Mick n'avait vu personne faire depuis vingt ans. Si ça ne marchait pas pour lui en Corse, il pourrait s'installer ici. Il s'y sentait plus au pays qu'au pays.

— Dis-lui de rappliquer, fit Shorty dans un dernier gloussement.

Vernon alla à la porte et fit signe à Arlow d'entrer. Le couple âgé était parti, mais les habitués au comptoir restaient à leur place, ignorant tout sauf leur verre. Shorty apporta le Benelli derrière le bar et remit ses clients à flot. Mick observa la cascade perpétuelle sur l'enseigne de Hamm's. Le feu de camp continuait de fumer. Rien ne s'était passé et rien ne s'y passerait jamais – juste un va-et-vient perpétuel d'eau et de feu. Shorty revint.

— Elle te plaît, cette enseigne ? dit-il.

— Jamais vue avant.

— Elle était à mon père. C'était son bar. Il bossait à l'usine Ford. Il s'est blessé à la chaîne et il a ouvert ce rade avec l'assurance. Un jour, un type m'a offert deux mille pour cette bon Dieu d'enseigne.

Arlow entra et resta à trois mètres de la table, rappelant à Mick un chien domestique essayant de faire preuve de respect envers des humains en train de dîner. Vernon se tenait à quelques pas, suffisamment pour communiquer les vestiges de son indépendance. Ce n'était pas le fusil qu'ils craignaient, mais la volonté implacable de Shorty, son aura d'autorité et de contrôle. Mick se demanda quel rôle il occupait chez les marines.

— Arlow a rien fait tout à l'heure, dit-il. C'étaient les deux autres.

— Toi et lui, dit Shorty. On aurait dit que vous étiez prêts à en découdre. C'est vrai, Arlow ?

— Ouais.

— Alors pourquoi vous vous serrez les coudes maintenant ? Vous vous liguez contre un marine ?

Arlow haussa les épaules et jeta un regard dépité à Mick.

— Grosso modo, dit Mick.

— Bon Dieu de troufions. Vous comptez toujours vous battre ?

— Non, dit Mick.

— Ouais, dit Arlow.

— Lequel des deux ? dit Shorty.

— Il a besoin d'une bonne raclée, dit Arlow.

Shorty haussa les épaules et fit signe à Mick de procéder, comme s'il l'invitait à un buffet à volonté.

— Ici ? dit Mick.

— Ouais, blaireau, dit Shorty. Mais pas de bris de verre. J'ai déjà passé le balai.

Mick se leva et s'approcha d'Arlow, qui se mit en position – le poids sur son pied arrière, les bras et les poings dans une posture de boxeur. Le droit était un peu bas, signifiant que son abdomen était vulnérable.

Mick s'approcha, la main tendue.

— Ça me va de laisser tomber, dit-il.

— Non, dit Arlow.

Mick s'avança vivement pour décocher deux directs. Arlow pivota pour se défendre de la gauche. Mick esquiva son crochet, attrapa la chemise d'Arlow et lui asséna un coup de tête dans le nez. Arlow chancela et Mick lui coupa le souffle d'un violent gauche dans le foie. Les genoux d'Arlow flageolèrent et il s'écroula.

Mick revint à la table et s'assit.

— Joli, dit Shorty.

— C'est un mec du SAS qui m'a appris ça. Lui il cassait toujours le nez, mais j'y suis allé mollo.

Ils regardèrent la respiration sifflante rauque d'Arlow revenir à la normale à mesure que la douleur s'estompait. Il était recroquevillé sur le flanc comme un enfant endormi, respirant longuement et lentement. Vernon prenait bien garde de ne pas croiser le regard de Mick. Deux clients entrèrent, avisèrent Arlow sur le sol crasseux et firent demi-tour.

— Bon Dieu, fiston, dit Shorty. Tu me coûtes de l'argent.

— Tu pourrais lever la punition. Y a pas de mal.

— Sauf pour eux.

— Ils ont commis une erreur bête, c'est tout.

— Et si cette petite Lawson commet une erreur ?

— Je la toucherai pas. J'ai juste besoin d'informations. Mais si elle sait que je suis là, elle va s'enfuir.

L'expression de Shorty indiquait qu'il comprenait et qu'il était d'accord. Il s'enfonça dans sa chaise. Mick attendit qu'il prenne une décision.

— T'es pas le seul à chercher un Lawson, dit Shorty. Un jeune type est venu y a quelques jours, comme quoi Hank Lawson lui devait de l'argent. Il voulait savoir s'il était passé ici.

— Il habite où, ce Hank ? dit Mick.

— Je sais pas. Mais le jeune saura. Je vais le contacter.

— Pourquoi tu ferais ça ?

— T'es pas le seul à échanger des services avec Charley Flowers.

Shorty rassembla les munitions, les apporta derrière le comptoir et les cacha. Trois jeunes types entrèrent avec des maillots et des casquettes de hockey. Ils commandèrent des shots et des bières. Shorty fit le tour de ses habitués, qui étaient à sec. Il les resservit et passa une série de coups de fil.

Mick fit signe à Vernon de le rejoindre à la table. Vernon contourna Arlow et s'installa.

— Tu déconnes pas, hein ? dit-il. Et maintenant ?

Mick haussa les épaules. Il se demanda ce que ça ferait d'hériter d'un bar, d'avoir un père qui avait le sens des affaires. Son propre père buvait comme un trou, raison pour laquelle Mick tâchait d'éviter l'alcool autant que possible.

Shorty revint à la table sans le fusil.

— L'homme de Charley s'est porté garant pour vous deux, dit-il. Vous pouvez récupérer vos armes.

Arlow semblait faire une sieste par terre. Sa main gauche tressaillit, rappelant à Mick un chien endormi. Les gens disaient que les chiens rêvaient, mais Mick n'en était pas convaincu. Les humains avaient une tendance à projeter leur expérience sur les autres – émotions, motivations, peurs. Ils faisaient pareil avec les animaux.

— Tu penses que les chiens rêvent ? dit-il.

— Bien sûr, dit Shorty. De bouffe, de sexe, et d'aboyer sur des voitures. Pareil que moi.

— T'aboies sur des voitures ? dit Vernon.

— Je sais pas ce qui me retient de t'aboyer dessus.

— Préviens-moi quand tu sauras, dit Vernon.

— Fais pas le malin, fiston. Tu rigoleras moins quand j'en aurai fini avec toi.

Le téléphone de Shorty sonna, une imitation d'un vieux klaxon de Model A. Il répondit, écouta et raccrocha.

— J'ai un homme qui débarque, dit-il. Il me doit un service. Maintenant, toi aussi.

Mick acquiesça. Il était à Detroit depuis moins de six heures et il devait déjà deux services, peut-être trois. Il se demanda comment ces gens s'y retrouvaient dans tout ça. Peut-être que toute la ville était un réseau complexe de renvois d'ascenseur, de chantage et de contrainte. Il préférait la méthode de l'armée : donner et recevoir des ordres. Dans les collines, on aidait quand on pouvait, sans rien attendre en retour. Cela expliquait en partie pourquoi Mick n'était jamais fâché contre personne. L'effort de se rappeler à qui il en voulait n'en valait pas la peine.

Arlow se releva, adressa un bref signe de tête à Mick et s'en alla. Quatre nouveaux clients étaient entrés, deux Noirs et deux Blancs. Ils s'assirent à un box pour discuter des joueurs des Steelers, des Lions et des Pistons, comme s'il s'agissait de proches avec des difficultés de la plus haute importance. C'était du bruit pour Mick, la bande sonore des hommes partout dans le monde. Moins leur travail et leur vie personnelle étaient intéressants, plus ils se passionnaient pour leur équipe.

Un homme d'une trentaine d'années entra dans le bar, en tenue de travail, bottes et large veste rouge. Ses cheveux châtains étaient rassemblés sous une casquette rouge ornée d'une roue et d'une paire d'ailes. Mick songea que ça devait être une référence à une écurie automobile. L'homme salua Shorty d'un signe de tête et avança vers la table en roulant des mécaniques.

— Hé, Hollis. Tu cherches toujours Hank Lawson ? dit Shorty.

— Ouaip. Il est là ?

— Non, mais cet homme le cherche aussi.

Hollis plissa les yeux pour toiser Mick. Mick se demanda s'il n'y avait à Detroit que des durs à cuire ou des types qui se donnaient des airs. Celui-là pouvait rentrer dans les deux cases.

— Si Hank te doit de l'argent, dit Hollis, je suis le premier sur la liste.

Mick secoua la tête.

— Combien ? dit Shorty.

— Quatre cents, dit Hollis. Un maillot signé par Stevie Wonder.

— À ce prix-là, c'est donné. Peut-être qu'il a vu que c'était un faux.

— Pas moyen. J'ai un certificat d'authenticité et un hologramme. Hank m'a versé la moitié de la somme. C'est pas dans mes habitudes, mais j'en avais besoin sur le moment. Maintenant je veux le reste.

Mick était perplexe, mais ça n'avait pas d'importance. Les gens collectionnaient toutes sortes de choses. Peut-être qu'un T-shirt valait plus qu'un disque signé. En tant qu'enfant de Detroit, Stevie Wonder avait sans doute du linge partout dans la ville.

— Si Hank est pas là, dit Hollis, pourquoi tu m'as fait venir ?

Shorty désigna Mick.

— T'es allé voir là où vit Hank ? dit Mick.

— Quatre fois, putain. Il est pas là.

— Y avait quelqu'un ?

— Personne est venu ouvrir.

— T'as entendu quelque chose dedans ? dit Mick.

— Ouais, la télé. Des dessins animés, une connerie comme ça.

— C'est quoi l'adresse ?

— Qu'est-ce que j'y gagne ? dit Hollis à Shorty.

— Toi et moi, on est quittes pour la dernière fois, dit Shorty.

— Ça suffit pas, mec. Je suis venu, on est quittes, point barre. Maintenant ce trouduc veut une adresse. Je veux pas d'embrouilles.

— Les embrouilles, c'était tout à l'heure, dit Shorty. Si t'avais été là, tu surveillerais tes bon Dieu de manières.

Hollis se tourna vers Mick et souleva sa veste rouge pour exposer un pistolet 9 mm à la crosse ternie.

— Tu vas faire quoi ? dit Hollis. Me tabasser pour avoir l'adresse ? T'as intérêt à numéroter tes abattis.

Shorty secoua la tête et commença à glousser. Mick parla d'une voix calme et pratique, comme s'il consultait le menu d'un restaurant.

— Trois moyens d'obtenir des informations, dit-il. L'argent, la force ou le troc.

— Tu penches pour lequel ? dit Hollis.

— Te tabasser présente un risque. Tu pourrais m'en vouloir et me donner la mauvaise adresse. J'ai pas d'album de Stevie Wonder à échanger. Ça me laisse l'argent.

Shorty éclata de rire et Vernon eut l'air amusé.

— Quoi ? dit Mick.

Shorty désigna une photo encadrée derrière le bar. Un homme tenait un grand tuyau de poêle argenté au-dessus de sa tête. Il portait une chemise blanche avec le même emblème d'écurie automobile que sur la casquette de Hollis.

— Ce Stevie Wonder-là, dit Shorty. Pas le musicien. Steve Yzerman. Stevie Y. Stevie Wonder. Le plus grand joueur de hockey de tous les temps.

— Il tient quoi dans ses mains ? dit Mick.

— C'est la Stanley Cup, connard, dit Hollis.

Mick se tourna vers Shorty.

— Il commence à me fatiguer, le gamin, dit-il.

— Hmm-hmm, dit Shorty. Il fait cet effet aux gens.

— Vas-y, viens, tocard, si tu veux qu'on se foute sur la gueule, dit Hollis.

— Vernon, dit Mick. Ça t'embêterait de te lever et de reculer une seconde ?

Vernon se leva, recula derrière sa chaise et s'éloigna de quelques pas.

— T'es prêt ? dit Mick.

Hollis approcha sa main de son pistolet. Mick se voûta comme pour se mettre à l'aise, balança la jambe en avant et frappa la chaise vide de Vernon. Elle valsa contre Hollis. Mick bondit comme s'il était catapulté et arracha le pistolet à la taille de Hollis. De son autre main, il le gifla deux fois au visage.

— C'est quoi l'adresse ? dit Mick.

— Tu parlais d'acheter des informations, tout à l'heure.

Mick inclina la tête, tout sourire. Ces types de Detroit commençaient à lui plaire. Aucun d'entre eux n'avait battu en retraite.

— Vernon, dit Mick. Passe-lui deux cents dollars.

Vernon tira un mince portefeuille de sa poche avant, une simple bande de cuir avec un fermoir en métal.

Une carte de crédit était visible, ainsi qu'une liasse de billets.

— Quatre cents, dit Hollis.

Shorty rit de plus belle. Mick sourit.

— OK, dit-il. Quatre cents. Mais je retiens deux cents pour te laisser récupérer ton flingue.

Hollis avança sa lèvre inférieure, fronça les sourcils et haussa les épaules.

— OK.

Vernon lui donna l'argent et Hollis récita l'adresse de Hank Lawson. Mick retira le chargeur et posa l'arme sur la table.

— Il me faut ce chargeur, dit Hollis. La rue sait que je trimballe du cash.

— Fallait y penser au moment de négocier.

— Shorty, dit Hollis. Je peux te louer un flingue ?

— Sors d'ici, dit Shorty.

Hollis haussa les épaules, reprit son pistolet vide et s'en alla d'un pas encore plus fier qu'à son arrivée.

— Toute la ville est comme ça ? dit Mick. Ou juste chez toi ?

— Un peu des deux. Hollis a la tête plus dure qu'une bille de billard.

— Je te dois quelque chose pour les dégâts ?

— Non, blaireau. La prochaine fois que tu viens, préviens-moi à l'avance. Je ferai payer l'entrée et je me ferai une bon Dieu de fortune.

Shorty leur rendit leurs armes. Mick suivit Vernon jusqu'à sa voiture et lui donna deux cents dollars tirés de son sac de voyage. Vernon rentra l'adresse de Lawson dans le GPS de son portable.

17

Vernon s'éloigna de chez Mack dans une zone plus résidentielle d'Ypsilanti. De majestueuses demeures des années 1920 laissaient place à des maisons modestes d'après-guerre, avec quelques immeubles çà et là. Les arbres plus petits signalaient des logements moins huppés, comme si les pauvres méritaient moins d'ombre que les autres. Vernon s'arrêta à un carrefour.

— Voilà la rue, dit-il. Juste là, à droite.

— Remonte-la à vitesse normale. Va jusqu'à l'intersection, fais demi-tour et gare-toi.

Vernon roula tandis que Mick effectuait une reconnaissance subreptice. Il n'y avait pas de trottoir. Devant certaines maisons, des paniers de basket étaient soutenus par des sacs de sable. Celle des Lawson était quelconque – pelouse bien tondue, arbustes taillés, abri de jardin en métal sur le côté, pas de voiture en vue. Vernon s'arrêta selon les instructions.

— Et maintenant ? dit-il.

— Je rentre. Fais le tour du pâté de maisons et gare-toi près d'ici. Attends-moi. Si tu entends des coups de feu, donne-moi deux minutes. Si je suis pas sorti à ce moment-là, tu t'en vas.

Mick quitta la voiture et déambula sur le trottoir comme s'il rendait visite à un voisin. Il passa devant la maison et fit semblant de consulter son téléphone, puis il tourna sur ses talons et alla à la porte d'entrée. Il entendit le son d'une télé. La porte était fermée à clé. Il fit le tour de la maison en se baissant sous les fenêtres et entra dans le jardin de derrière. Il n'y avait qu'une grande clôture en bois au fond. La maison avait une petite terrasse à l'arrière, avec un barbecue et quatre chaises rouillées. Il inséra son couteau entre le cadre de la porte moustiquaire et le montant, puis il leva doucement la lame pour défaire le loquet. La porte arrière était aussi fermée à clé. Il était à court d'options, adjoint au shérif hors de ses heures de service et de sa zone de compétence, mais des informations sur la personne qui avait tiré sur sa sœur l'attendaient à l'intérieur. Il recula, inspecta les alentours du regard et ne vit personne. Il inspira, ouvrit la porte d'un coup de pied et s'engouffra à l'intérieur.

Une cuisine conduisait à un salon vide avec une télé à bas volume. Il emprunta un petit couloir desservant une salle de bains. Au bout du couloir, une porte s'ouvrit et une femme se dressa devant lui, brandissant une bombe lacrymogène. La partie gauche de son visage était sombre et tuméfiée. Deux pansements couvraient une blessure au-dessus de son œil. Mick ouvrit les mains et écarta lentement les bras au niveau de la taille. Son geste était inspiré par un tableau de la Vierge Marie qu'il avait vu en Italie. Il l'avait sauvé par le passé et pourrait encore le sauver aujourd'hui.

— Vous êtes blessée, dit-il. Je veux vous aider.

— Sortez, dit-elle.

Mick recula d'un pas. Une voix d'enfant lui parvint depuis la chambre.

— Oncle Hank ?

— Non, ma puce, dit la femme. Reste où tu es.

— Je veux voir oncle Hank !

La bombe lacrymogène trembla entre les mains de la femme tandis qu'elle jetait un œil dans la chambre.

— Vous êtes Penny Lawson, dit Mick.

— Comment vous m'avez trouvée ?

— Quelqu'un connaissait Hank.

— Il est pas là.

— Ce n'est pas lui que je cherche. Je suis venu vous parler, Penny. J'ai besoin de votre aide. C'est à propos de ma sœur, dans le comté d'Eldridge.

— Maman ? dit la petite fille.

La femme baissa la bombe lacrymogène comme pour la cacher à l'enfant et se déplaça vers la pièce derrière elle.

Elle entra dans la chambre et Mick la suivit jusqu'à la porte. Assise sur un lit, une enfant de huit ou neuf ans tenait un ours en peluche et un livre, comme si elle racontait une histoire à l'ours. La peur traversa son visage au moment où Mick s'écartait de son champ de vision.

— Penny, dit-il. Je suis désolé d'avoir fait peur à votre fille. J'ai juste besoin de vous parler une minute. Je vais vous attendre dans le salon, d'accord ?

Mick repartit dans le couloir. La télé diffusait un dessin animé avec une sirène et un sous-marin qui parle. Sur la table basse, il y avait un bol de crackers et plusieurs livres pour enfant. En face de la télé, un grand fauteuil comprenait un frigo intégré et un porte-magazines. Les rideaux étaient tirés. La porte d'entrée était protégée par une chaîne.

Penny entra dans la pièce avec un téléphone portable et la bombe lacrymogène.

— Je m'excuse de m'être introduit chez vous, dit Mick. J'ai frappé, j'ai entendu la télé et j'ai fait le tour par-derrière.

— J'ai qu'à appuyer là pour appeler la police.

— Vous êtes intelligente, dit-il. Vous protégez votre fille. Je ne pense pas que vous passerez ce coup de fil, parce que vous n'avez pas intérêt à voir la police débarquer ici. Ils vont découvrir ce qui s'est passé au pays et ils vous emmèneront en détention. Votre fille sera placée en famille d'accueil. Je sais que ce n'est pas ce que vous voulez. Vous êtes une bonne mère. Je veux vous aider.

Penny semblait paralysée, à l'exception de tics faciaux. Elle incarnait un mélange de férocité et de mélancolie, une force triste. Mick avait déjà vu ça chez des gens qui comprenaient qu'ils n'avaient plus aucune issue. Elle était venue ici pour s'enfuir. Maintenant qu'elle était découverte, elle n'avait plus nulle part où aller. Elle n'avait pas envie de regarder la situation en face, mais elle était forcée de l'accepter pour le bien de sa fille.

— Laissez-moi vous aider, dit-il.

Elle baissa le téléphone et s'appuya contre l'encadrement de la porte.

— Asseyons-nous, dit-il. Vous pourrez me raconter ce qui s'est passé.

Elle vint s'affaler dans le canapé avec un air de profonde lassitude. Mick s'assit sur la méridienne, veillant à ce que sa tête et ses épaules soient plus basses que celles de Penny, afin de diminuer son autorité. Il devrait lever la tête pour lui parler, se concentrer sur l'œil intact.

— C'est Leo qui vous a fait ça ? dit-il.

Penny regarda ses pieds et hocha la tête.

— Première fois ? dit-il.

Elle fit non de la tête.

— Je peux vous emmener voir un médecin.

Elle refusa en silence.

— Qu'est-ce qui vous arrangerait ? dit-il. Qu'est-ce que vous voulez ?

Elle le regarda comme si jamais personne ne lui avait posé cette question.

— Je ne sais pas, dit-elle. Avant je savais, mais plus maintenant.

— Vous voulez que votre fille soit en sécurité et c'est le cas. Vous voulez être protégée de Leo et c'est aussi le cas.

— Pourquoi vous êtes là ? dit-elle.

— Ma sœur est le shérif du comté d'Eldridge. Quelqu'un lui a tiré dessus. Cette même personne a aussi tué votre petit ami. J'essaie de comprendre ce qui s'est passé. Il y avait quelqu'un d'autre ?

Elle secoua la tête, cligna rapidement des yeux et détourna le regard.

— Comment va-t-elle ? dit Penny. Votre sœur.

— À l'hôpital, mais elle va s'en remettre.

Elle parut soulagée.

— Est-ce que c'est possible, dit-il, que votre fille ait vu Leo vous frapper ? Peut-être que vous vous étiez promis de faire en sorte qu'elle ne voie plus jamais ça. Peut-être qu'il a recommencé et que vous avez fait quelque chose pour l'arrêter. Est-ce que c'est possible ?

Penny le dévisagea avec surprise.

— Que s'est-il passé ? dit Mick.

— Il m'a frappée. Puis il a frappé Hannah. Elle a couru au fond et j'ai tiré sur Leo.

— Où ?

Elle se tapota la poitrine.

— Combien de fois ?

— Une seule. Il est tombé.

— Qu'est-ce que vous avez fait après ?

— Je suis allée chercher Hannah. Puis la porte s'est ouverte d'un coup et quelqu'un est entré avec une arme. Je ne savais pas qui c'était. J'ai vu l'uniforme après.

— Après quoi, Penny ?

— Après lui avoir tiré dessus. Je suis désolée. Je croyais que c'était encore quelqu'un qui nous voulait du mal. Je ne savais pas qu'elle était shérif. Je suis tellement désolée.

— Vous avez tiré sur Leo, ensuite vous êtes allée chercher Hannah. C'est bien ça ?

— Oui.

— Vous aviez l'arme avec vous ? Quand vous êtes allée voir Hannah ?

— Non. Je l'ai posée. Je ne l'avais pas.

— Et ensuite ?

— J'ai récupéré Hannah et quelques affaires. Elle a un petit sac à dos.

— Où étiez-vous quand ma sœur est entrée ?

— Dans le salon.

— Avec Hannah ?

— Non. Oui. Elle était avec moi.

— Où était l'arme ?
— L'arme ? Sur le canapé. Non, la table basse.
— Vous étiez assise ?
— Non, j'étais debout. Devant le canapé. La porte s'est ouverte d'un coup. J'ai pris le pistolet et j'ai tiré.

Mick hocha la tête. C'était à la fois mieux et pire que ce qu'il avait imaginé. Mieux, parce que ce n'était pas intentionnel. Pire, parce que Penny mentait.

— Où était Hannah ? dit-il.
— Repartie dans sa chambre.
— Vous avez dit qu'elle était avec vous dans le salon. Avec son sac à dos.
— Non, cria-t-elle. Non. Elle n'est jamais venue dans le salon. Elle est restée dans sa chambre tout le temps. Je suis tellement désolée.
— Je sais, dit-il. Je comprends.
— Alors pourquoi vous me harcelez de questions ?
— Parce que ma sœur a pris une balle dans la jambe, sous le genou. Si c'était vous qui aviez tiré, l'angle de pénétration aurait été diagonal. Mais il ne l'était pas. La balle est entrée dans la jambe de ma sœur à la perpendiculaire.
— Je ne sais pas ce que tout ça signifie.
— Ça signifie que vous n'avez pas tiré sur ma sœur. C'était quelqu'un d'autre. Quelqu'un de petite taille, assis sur le canapé. Quelqu'un que vous essayez de protéger.

Il regarda son visage passer d'une expression à l'autre à toute vitesse, se durcir et se tendre, les yeux écarquillés, les pupilles dilatées. La bouche de Penny tressaillit, puis la peau sous ses yeux. Son corps demeurait immobile.

— Où est l'arme ? dit-il doucement.

— Dans l'armoire de la chambre. Comment s'appelle votre sœur ?

— Linda.

— C'est un joli prénom.

— C'est allemand, dit-il. Ça veut dire doux et tendre, alors qu'elle est tout sauf ça. Elle est coriace comme vous.

— Je ne suis pas coriace, dit Penny.

— Les gens ne savent pas qu'ils le sont jusqu'au moment où ils sont obligés de l'être.

Ils entendirent la voix de Hannah depuis la chambre.

— Maman ! J'ai soif !

Mick se leva et alla à la porte d'entrée.

— Je dois sortir une minute. Je reviens tout de suite. Ne vous inquiétez pas, il ne va rien se passer. Je veux vous aider.

Il déverrouilla la porte et traversa la rue jusqu'à la voiture de Vernon. Vernon baissa la vitre.

— Bredouille ? dit-il.

Mick ouvrit la portière arrière et prit son sac de voyage.

— Encore quelques minutes.

Vernon remonta sa vitre. Mick revint à la maison et s'assit sur la méridienne avec le sac sur ses genoux. Il entendait Penny parler avec sa fille au bout du couloir. Hannah rit et il s'émerveilla de sa résilience.

Penny revint dans le salon et resta plantée là, regardant le sac avec méfiance. Elle eut un mouvement de recul quand Mick l'ouvrit. Il en sortit neuf liasses de billets entourées d'un bracelet et les posa sur la table basse.

— Cet argent est pour vous, dit-il.

— Vous êtes quoi, un dealer ?

— Non, je voyage avec des espèces en cas d'urgence.

— Je ne peux pas prendre votre argent.

— J'ai un travail et une pension. Je n'en ai pas vraiment besoin. Vous pouvez l'utiliser pour quitter Detroit.

— Pourquoi ?

— Vous ne pouvez pas rester ici.

— Non, pourquoi vous faites ça ?

— Leo a de la famille, n'est-ce pas ?

— Une brochette de frères et je sais pas combien de cousins.

— Ils vont vous chercher. Je vous ai trouvée en quatre jours. Vous comprenez ce que je dis ?

Elle hocha la tête rapidement.

— Leo battait son ex-femme, Carla Jo. Je lui ai parlé. Il vous a frappée vous, puis Hannah. Vous l'avez abattu pour vous protéger. Hannah a tiré sur ma sœur pour vous protéger. Maintenant j'essaie de vous aider. Voici dix-huit mille dollars.

Penny hocha de nouveau la tête, le visage tendu.

— Utilisez-en une partie pour quitter la ville. Gardez le reste pour Hannah. Elle aura besoin de parler à quelqu'un.

— Elle ne se souvient de rien. Rien du tout.

— Ça viendra. C'est en elle, quelque part. Il faut qu'elle consulte un professionnel. Utilisez le reste de l'argent à ce moment-là.

— Pour aller où ? Je ne connais personne ailleurs qu'ici.

— C'est bien. Dites à Hank que vous déménagez à Seattle et partez ailleurs. Trouvez un emploi qui paie en liquide. Serveuse ou femme de chambre. Quelque chose comme ça. Vous êtes venue avec votre propre voiture ?

Elle acquiesça.

— Vendez-la et achetez-en une autre avant de partir.

Elle acquiesça de nouveau.

— Dernière chose, dit-il. Il me faut l'arme de Leo.

— Quoi ? Pourquoi ?

— En étant en possession de l'arme du crime, vous êtes dedans jusqu'au cou. Je m'en débarrasserai. S'il vous plaît, allez la chercher.

Elle prit le couloir, parla à sa fille et revint avec un sachet en papier du supermarché de Rocksalt. Elle le posa sur la table. Mick regarda à l'intérieur avant de le fourrer dans son sac de voyage. Il lui tendit un téléphone prépayé.

— Jetez votre téléphone et utilisez celui-ci, dit-il. N'appelez personne que vous connaissez. Personne. Vous avez la garde partagée de Hannah ?

— Non, exclusive.

— Bien. Randy n'aura aucun motif légal de vous rechercher.

— Vous connaissez Randy ?

— On s'est rencontrés.

— Comment vous en savez autant ? dit-elle.

— J'étais flic dans l'armée, avant.

— Plus maintenant ?

— Je ne sais plus ce que je suis, Penny.

Il ramassa le sac de voyage et avança vers la porte.

— Hé, dit-elle. Merci.

Mick hocha la tête et s'en alla. Il marcha rapidement jusqu'à la voiture, jeta le sac à l'arrière et s'installa dans le siège passager.

— On va où ? dit Vernon.

— À mon pick-up.

— T'as faim ? Y a un endroit qui fait des bons hot-dogs dans le coin.

— Pick-up. On parle plus.

Vernon haussa les épaules et repartit vers Detroit. Mick se demanda s'il avait pris la bonne décision. Il évalua mentalement son raisonnement, vérifiant la logique de son instinct. Si Penny se faisait arrêter ici, elle serait extradée vers le Kentucky, où elle serait incriminée pour Leo et pour Linda. Elle pouvait plaider coupable et faire de la prison, ou bien aller au procès. Les deux options lui faisaient courir le risque de représailles de la part de la famille de Leo. Dans tous les cas, la petite fille serait encore plus traumatisée et elle finirait sans doute par vivre avec son père dans la maison au bord de la rivière. Oui, conclut-il, il avait bien agi en aidant Penny.

Vernon roula lentement sur Alpine Street pour éviter les nids-de-poule. Un gardien surgit depuis l'ombre d'un auvent rouillé. Vernon s'arrêta, agita la main et attendit, puis dit à Mick qu'il pouvait partir. Mick ouvrit la porte.

— Transmets un message à Charley de ma part. Dis-lui que je lui revaudrai ça.

Reprenant son rôle de gangster, Vernon regarda droit devant lui sans parler. Mick monta dans son pick-up et partit vers le sud. Une fois hors de Detroit, il s'arrêta prendre de l'essence et appela Johnny Boy, qui ne répondit pas. Il essaya Sandra, qui l'informa que Linda était réveillée et qu'elle allait bien. Shifty était toujours là, relayée à intervalles réguliers par Ray-Ray et J.C.

Sur le trajet jusqu'au Kentucky, il spécula sur sa vie actuelle s'il avait épousé Penny. Elle était coriace, loyale et débrouillarde. Peut-être qu'il serait toujours marié. En même temps, son ex-femme Peggy partageait les mêmes qualités. Sandra aussi. Ce n'étaient pas les femmes, comprit-il, c'était lui. Il préférait être seul, en mouvement, ou les deux. Il aurait aussi merdé avec Penny, mais au moins elle n'aurait tué personne.

18

Johnny Boy était assis à son bureau, remonté contre la terre entière. Il avait fouillé cinq sacs-poubelle et examiné les objets un par un avant de les mettre dans un nouveau sac. Il n'avait pas trouvé d'arme et son uniforme était taché de nourriture moisie, de boue et de liquide d'origine inconnue. Le poste n'avait pas de véritable réserve, seulement un placard pour les fournitures de bureau et les produits ménagers. Il entreposa les sacs dans le bureau de Linda. Sandra l'observait sans commentaire, et il se demanda si c'était dû à son nouveau statut de shérif ou si elle le jugeait silencieusement. Il tournait en rond, au mieux.

Il étudia les fiches sur lesquelles il avait consigné tout ce qu'il savait. Johnny Boy était quelqu'un qui raisonnait de manière méthodique et organisée, mais il s'était toujours reposé sur les instructions de quelqu'un d'autre. Maintenant, il devait se débrouiller tout seul. Il n'aimait pas ça, mais il n'avait pas le choix – il était shérif, bon sang – et il compulsait ses notes en boucle.

Linda avait pris une balle de revolver.

Leo avait été abattu avec un revolver.

Linda n'avait pas fait feu avec son arme de service.

Pete Lowe et Hack Darvis avaient été tués avec un fusil.

Roscoe Reeder vivait dans un poulailler avec le coq à trois mille dollars de Pete Lowe.

Les empreintes de pas derrière chez Hack provenaient d'une chaussure taille 38 de marque Iris.

Un réfrigérateur dans le hangar de Hack renfermait un bocal qui contenait probablement du venin de serpent.

Le seul lien que voyait Johnny Boy, c'étaient les coqs et les armes. Mick étant toujours à Detroit pour mettre la main sur une personne présente sur les lieux lorsque Linda s'était fait tirer dessus, Johnny Boy décida de limiter son enquête à Pete Lowe et Hack Darvis. Il réarrangea les fiches et les reparcourut aussi lentement que possible, ce qui n'était pas difficile au vu du peu d'informations disponibles. Il n'avait ni arme du crime ni empreintes digitales. La seule preuve potentielle était un serpent dans une caisse entreposée chez son cousin Caney. Le nom de Caney Rodale lui trottait dans la tête.

Soudain, Johnny Boy se leva, poussant son fauteuil à roulettes derrière lui contre la rangée d'armoires de classement alignées contre le mur. Il alla droit à la bonne armoire, ouvrit le troisième tiroir en partant du haut à la lettre R et sortit le dossier de Billy Rodale, un meurtre non élucidé de 1997. Le dossier était en partie dactylographié, mais principalement écrit de la main de l'ancien shérif, Troy Johnson, dans une sorte de code d'abréviation personnalisé. Rodale avait été abattu chez lui. La liste des suspects comportait neuf noms, ce qui suggérait que Rodale s'était fait des ennemis dans tous les sens. Certains étaient barrés, puis ajoutés de nouveau. En bas, écrit au crayon, figurait celui de Virgil Caudill.

Sandra leva immédiatement la tête quand Johnny Boy émergea de son bureau.

— Je vais au service des immatriculations, dit-il. Des nouvelles de Linda ?

— Elle se rétablit. La mère de Ray-Ray est là-bas. J'y vais dès que j'ai fini.

— Et Mick ?

— Toujours dans le Michigan, pour autant que je sache. Avant ça, il a appelé deux fois pour obtenir des adresses à Farmers et à Sharkey.

Johnny Boy s'en alla. Temporairement obsédé par sa tâche, il négligea de savourer le plaisir élémentaire de conduire le véhicule officiel du shérif. L'intérieur sentait encore les produits chimiques utilisés pour nettoyer le sang de Linda. Il se gara dans le parking du service des immatriculations et pénétra dans une pièce où des chaises en plastique dur étaient vissées au sol afin de maximiser l'inconfort de quiconque s'y asseyait. Plusieurs individus attendaient, chacun agrippant un petit bout de papier avec un numéro dessus. Certains étaient des adolescents, débordant d'enthousiasme quant à leur avenir immédiat. Les autres avaient leur anniversaire dans le mois en cours et devaient faire renouveler leur permis. Johnny Boy se demanda vaguement s'il y avait un mois de naissance optimal pour réduire le temps d'attente. Il avait entendu que plus de bébés naissaient en août parce que ça tombait neuf mois après les premiers frimas.

Il alla au guichet, où une femme qu'il avait connue toute sa vie régnait en maître sur son domaine. Elle l'ignora. Ce n'était pas tant Johnny Boy lui-même, mais la présence d'un humain dont le numéro n'avait pas été appelé.

— Madame Flannery, dit-il.

Elle agita la main sans quitter son écran des yeux. Le geste lui rappela quelqu'un qui essaie vainement de chasser les mouches à un pique-nique paroissial. Elle portait une robe grise sans manches par-dessus un chemisier blanc à manches longues. Ses longs cheveux étaient ramenés au sommet de sa tête par une barrette, donnant l'impression d'un crâne allongé qui s'effilait sur le haut.

— Madame Flannery, répéta-t-il. Il s'agit d'une affaire officielle.

Elle pianota encore quelques instants avant de lever la tête. Ses yeux suivirent de mauvaise grâce.

— Johnny Boy ! dit-elle. Quelle bonne surprise. Tu es dans la police, maintenant ?

— Non, madame. Je suis le shérif.

— C'est plus la fille Hardin ?

— Elle a été blessée. Donc je la remplace en attendant qu'elle soit remise d'aplomb.

Elle cligna des yeux, perplexe.

— J'étais adjoint jusque-là, dit-il. Je fais l'intérim jusqu'au retour de Linda.

— Saperlipopette. Je me souviens quand je t'ai délivré ton premier permis de conduire. Et te voilà shérif. Nom d'un petit bonhomme. On ne sait jamais ce que l'avenir nous réserve.

— Oui, madame. J'aimerais avoir la copie d'un permis de conduire datant des années 1990. Virgil Caudill.

— Je connaissais sa mère et sa sœur. Elles n'habitent plus ici. Tellement de gens s'en vont. Tous mes enfants sont partis. Mais toi tu es resté et tu es shérif!

— Pourriez-vous me fournir une copie du permis de Virgil? De la meilleure qualité possible. J'ai besoin de voir la photo dessus.

— Une copie couleur coûte plus cher. Rapport à l'encre.

— Pas de problème. Envoyez la facture au comté.

— Bien sûr, bien sûr. Le bureau du shérif!

Elle reporta son attention sur son ordinateur. En travaillant, elle émettait des soupirs et des grognements discrets, remontant le temps à travers les fichiers électroniques. Elle utilisa son téléphone pour effectuer une requête de document.

— Ce sera l'affaire d'une minute. La photocopieuse couleur est là-bas au fond et je ne peux pas quitter mon poste. Tu sais comment c'est, hein, shérif?

— Oui, madame.

Cinq minutes plus tard, il sortait avec une copie de la photo de Virgil, qu'il inspecta à la lumière du jour. Il se concentra sur le visage au-dessus du nez. Toujours sceptique, il retourna au bureau et demanda à Sandra s'ils avaient accès à un logiciel de retouche permettant de vieillir une photo.

— Utilise ton téléphone, dit-elle. Il y a une appli.

Dans son bureau, il téléchargea l'application et prit une photo du portrait de Virgil Caudill. Il ajouta vingt-cinq ans, puis des cheveux longs et une barbe. Il agrandit la photo, augmenta le contraste et l'imprima. Il quitta le bureau, monta dans le 4x4 et mit le cap vers l'est. S'il avait raison, Virgil Caudill avait deux endroits où aller.

Sur l'Old 60, il se retrouva derrière une Chrysler qui ralentit aussitôt en dessous de la limite imposée. Il envisagea d'allumer sa barre lumineuse pour forcer la voiture à se ranger et gagner un peu de temps. Il jugea que ce serait un usage abusif de sa position, ce qui était déjà techniquement le cas. Ses recherches sur M. Caudill étaient plus personnelles que professionnelles.

Il s'enfonça dans les bois et commença à grimper les lacets de bitume jusqu'à une crête, puis il bifurqua au niveau de Bell Cemetery. Un siècle plus tôt, le cimetière abritait les tombes d'une seule famille, avant d'accueillir quatre pièces rapportées. Avec le temps, la première famille s'était éteinte ou était partie et d'autres familles avaient commencé à y enterrer leurs morts. Johnny Boy se gara et quitta son véhicule à contrecœur. Pendant ses années de lycéen, c'était un lieu où les adolescents venaient boire, fumer et frimer. Il avait toujours trouvé des excuses pour éviter ces excursions et il éprouvait maintenant la même angoisse familière mêlée de paranoïa. Il n'avait jamais vu ou entendu de fantôme, mais il était convaincu qu'ils avaient des pouvoirs spécifiques, même s'il ignorait lesquels. Il ouvrit la grille et pénétra dans le cimetière. Les stèles étaient vieilles et simples, sans ornement, à l'exception de quelques-unes où un ange était gravé, indiquant qu'un nourrisson y avait été enterré.

Il commença au milieu par les tombes les plus anciennes, inspectant les noms, puis élargit peu à peu le cercle. Caudill était le nom le plus répandu dans le comté et on en trouvait dans tous les cimetières. Il voyait par la proximité des tombes quelle famille s'était liée avec cette branche particulière de Caudill par le mariage. Toutes les tombes comportaient deux dates, naissance et mort, séparées par un tiret. Il médita la tristesse incommensurable de voir une vie entière consignée par une simple marque sur une pierre, une barre horizontale censée représenter des milliers de journées vécues.

Près d'un bosquet de chênes, il trouva une nouvelle rangée de Caudill, incluant les prénoms qu'il cherchait – Darly et Zale. Leurs vieilles stèles étaient minces et érodées au sommet. Ils étaient entourés de frères et sœurs et de cousins, puis d'enfants, dont leur fils Rupert et son épouse Aline. Une rudbeckie hérissée fraîchement cueillie était posée sur la tombe d'Aline.

Johnny Boy hocha la tête, puis quitta rapidement le cimetière.

19

PENDANT les six heures de route jusqu'à Rocksalt, Mick s'arrêta faire le plein à Toledo et Cincinnati. Le crépuscule tomba tel un voile, puis la nuit noire. Il traversa l'Ohio River pour gagner Newport, se gara derrière un hôtel et dormit une heure. Reposé, il entama le dernier tronçon par un quartier connu sous le nom de Mansion Hill. Il suivit la rivière jusqu'à Maysville, s'engagea sur l'AA Highway et prit l'Interstate jusqu'à Rocksalt.

À l'hôpital, il trouva Raymond qui somnolait dans une chaise à côté du lit de Linda. Mick entra dans la pièce sans un bruit mais Raymond s'éveilla en sursaut, marine toujours sur le qui-vive.

— Comment elle va ? dit Mick.

— Mieux. Toujours shootée mais stable. Elle pique vite du nez. Mais quand elle est réveillée, elle est surtout fâchée et elle jure comme un charretier.

— C'est bon signe.

— T'étais où ?

— Dans un nid d'embrouilles.

Raymond grogna et partit. Mick s'assit sur la chaise libérée, appréciant la chaleur laissée sur le siège. La jambe de Linda avait été surélevée et un drain posé sous ses épais bandages. Trois intraveineuses étaient scotchées à ses bras. Il pressa la main de sa sœur, puis s'installa dans la chaise et dormit.

Des infirmières se succédèrent dans la nuit, puis un aide-soignant. Mick fut réveillé par la voix de sa sœur qui se plaignait des options pour le petit déjeuner. Un jeune homme patient se tenait devant elle avec un petit bout de papier qui faisait office de menu.

— Toast à la cannelle, dit Linda.

— On a pas ça ici, dit le jeune homme. Désolé.

Ils regardèrent tous deux Mick s'étirer, ses reins meurtris par la chaise et la conduite. Mick réprima un grognement et dévisagea sa sœur.

— T'as faim ? dit-elle.

Il hocha la tête. Elle reporta son attention sur le jeune homme.

— Mettez-nous un de chaque truc sur cette foutue liste, dit-elle. Et du rab de café.

— Ce n'est pas la politique de l'hôpital.

— Je suis le shérif, dit Linda. Allez nous trouver un truc à bouffer ou je vous coffre direct.

Le jeune homme détala sans demander son reste. Mick sourit et Linda gloussa avant de devoir s'interrompre à cause d'un accès de douleur. Mick alla à la fenêtre et tira le rideau, dévoilant la vue sur le parking. Son pick-up était garé tout au fond et il se souvint de ce qu'il contenait et de ce qu'il avait à faire.

— Je suis adjoint, maintenant, dit-il.

— Il paraît. T'habitue pas trop. Vous avez avancé avec Johnny Boy ?

— Un peu. Je te briefe quand j'ai fini.

— Fais-le maintenant.

— D'abord, j'ai quelques détails à régler. Ensuite, t'es pas ma patronne. C'est Johnny Boy.

Soudain épuisée, elle déplaça sa tête pour contempler le plafond.

— Ferme ces saletés de rideaux, bordel.

Mick s'exécuta et s'assit dans la chaise pour la regarder dormir jusqu'à l'arrivée du repas. Il beurra des toasts durs pour elle en s'attendant à ce qu'elle proteste et fut surpris par son murmure de gratitude. Linda s'enquit de l'investigation et il esquiva de nouveau. Cette fois, elle capitula et sombra dans le sommeil. Un nouveau médecin fit irruption dans la pièce. Il se présenta comme "Dr Bob" et parlait avec l'accent caractéristique de Philadelphie. Son manque de prévenance envers les patients était compensé par son humour et son franc-parler. Linda avait au moins six mois de rééducation devant elle. Elle se remettrait complètement et le seul risque à long terme était une potentialité accrue d'arthrite.

— Une potentialité, dit Linda. C'est un vrai mot, ça ?

— Ouais, dit Dr Bob. C'est bon pour Aristote, c'est bon pour moi. D'autres questions ?

— Quand est-ce que je pourrai me barrer d'ici ?

— Trois jours minimum. Avec les risques d'infection, ce n'est pas encore le moment de larguer les ris.

— Larguer les ris ?

— Mon père était dans la marine marchande. J'ai pris ses tics de langage. Il était superstitieux, aussi. Il avait peur des bananes. C'est censé porter malheur sur un bateau. Je n'en ai pas mangé avant mes vingt-cinq ans.

Linda sourit, éclata de rire et s'arrêta de nouveau à cause de la douleur.

— Ne riez pas, dit Dr Bob. Ce n'est pas le meilleur des remèdes.

— C'est quoi alors ?

— Le repos. Faire ce que dit le médecin. Autre chose ?

— Ouais, dit Mick. Est-ce que je peux lui apporter à manger ?

— Bien sûr. Personne ne devrait manger ces saloperies.

Il consulta son porte-bloc et s'éclipsa.

— Il m'a l'air d'un bon toubib, dit Mick.

— Un plombier surpayé.

— Hmmm. Tu l'aimes bien, pas vrai ?

— Oh non. Je n'aime personne.

— Je vais demander à Raymond de t'apporter à manger. Tu sais que sa mère était là, hein ?

— Shifty ?

— Ouaip, elle est restée toute la nuit. Je dois filer.

— Alors file. Tu me tapes déjà sur les nerfs.

Mick sourit et partit. Dans l'ascenseur, il sentit son odeur et essaya en vain de se souvenir de la dernière fois où il avait changé de vêtements. Au moins, il avait dormi et mangé. Il avait depuis longtemps établi une façon de réfléchir basée sur l'observation d'un camion-toupie. Le réservoir tournait pour empêcher que le béton prenne pendant le trajet. Il se demanda ce qu'Aristote aurait dit des potentialités.

Il roula jusqu'au bureau du shérif. Le parking était vide, à l'exception d'un cabriolet Miata rouge à toit rigide. Mick se gara à côté et entra dans la structure en pierre par les portes vitrées. Sandra était assise à son bureau au milieu de l'attirail standard – plusieurs téléphones, un fax, un ordinateur vieux de dix ans et une machine à écrire. Elle lisait un livre emprunté à la bibliothèque.

— C'est à toi, la Miata ? Elle est neuve ? dit-il.

— Pas pour rien que t'es enquêteur, toi.

— Euh, ouais.

Il balaya la pièce du regard pour éviter de croiser le sien. Selon les critères locaux, elle représentait un excellent parti – petite trentaine, employée, divorcée sans enfants. Mick l'appréciait pour son intelligence et sa vivacité d'esprit, des qualités que beaucoup d'hommes préféraient ignorer. Mais travailler ensemble était un obstacle insurmontable à une idylle. De toute manière, il serait bientôt en Corse.

— J'ai besoin des dossiers de Hack Darvis et Pete Lowe, dit-il. D'autres affaires en cours ?

— Un cheval porté disparu. Une rumeur de bagarre au lycée. Huit sachets de chips volés au Dollar General.

— Huit ?

— Oui, une razzia.

— Dis-leur qu'on est dessus.

Mick alla au bureau de Johnny Boy, toujours aussi impressionné par l'ordre qui y régnait. Un bureau et une chaise, une table de rangement et vingt-six armoires de classement. Au milieu du bureau, il y avait quatre dossiers et une pile de fiches.

Pendant deux heures, Mick lut les rapports – d'abord rapidement, puis en prenant son temps. Ils étaient extrêmement détaillés, comportant les adresses, les heures et le nom complet de chaque individu. Une page entière était consacrée aux activités de Pete au circuit de Bluestone. L'arme qui avait abattu Gowan n'avait pas été retrouvée. Le Glock de Hack avait récemment tiré une balle unique de son chargeur. Hack et Pete avaient été tués par un fusil de calibre 12 à distance rapprochée. Les deux hommes vivaient seuls et trempaient dans les combats de coqs. Selon le témoignage de Roscoe Reeder, les combats locaux avaient pris fin avec la mort de Hack.

Un dossier comprenait des photos prises avec un portable derrière la maison de Hack – des traces de pneus et une empreinte de chaussure comportant la pointure 38 et le nom du fabricant. Deux magasins en ville vendaient cette marque, Iris. D'autres photos montraient des tas de sciure ainsi que la surface lisse de rondins découpés à la tronçonneuse. Il glissa les photos dans sa poche.

Le dernier rapport était vierge mais il avait un titre : *Janice, fille de Pete Lowe*. Une note manuscrite indiquait que Linda l'avait interrogée le jour même où elle s'était fait tirer dessus, de sorte qu'il n'y avait aucune trace de leur conversation. Johnny Boy n'avait pas eu le temps de retourner lui parler. Mick décida que c'était le meilleur point de départ.

Sandra était en train de servir ses meilleurs hmm-hmm diplomatiques au téléphone, tout en adressant des grimaces à Mick. Elle raccrocha et leva les yeux au ciel.

— Une femme a entendu un bruit saugrenu dans les bois. Je la cite mot pour mot : "un bruit saugrenu". Je lui ai promis qu'on envoyait quelqu'un.

Mick hocha la tête et sortit. Il traversa Rocksalt, déserte à l'exception de quelques nouveaux chantiers. Un cabinet de dentiste avait été rasé et remplacé par un fast-food avec des tables en métal vissées à une dalle de béton. Les collines étaient entourées d'arbres qu'on abattait pour les envoyer ailleurs tandis que la ville était reconstruite avec du béton et du métal. Il se demanda d'où provenaient les matériaux de construction. Peut-être qu'ils étaient échangés contre du bois.

Après s'être enfoncé dans les collines, il quitta le bitume pour une route de gravier qui devenait un chemin de terre et s'achevait devant une maison jaune en bois. Un 4x4 était garé dans le jardin. Une femme munie d'une hachette se tenait au milieu des hautes herbes derrière un gros chariot de jardin en plastique dur. Elle portait une veste de travail en denim, un vieux jean et des bottes vertes qui montaient quasiment aux genoux. Elle lui adressa un signe de tête, puis quitta les hautes herbes pour un billot à quelques mètres. Elle posa une petite bûche à la verticale et actionna la hachette avec précision, tranchant un quartier de bois qui tomba au sol.

— Je suis le fils de Jimmy Hardin, Mick, dit-il. Vous êtes madame Moore ?

— Plus depuis quelques années. Je suis une mademoiselle, maintenant, et c'est Lowe, plus Moore.

— Je suis moi-même divorcé, dit Mick.

— Si vous êtes là pour me faire la cour, je suis pas sur le marché.

— Non, madame. Je comprends. Je faisais juste la conversation.

— Pourquoi ça ?

— Eh bien, la vérité, c'est que j'essaie de vous mettre à l'aise. Je suis adjoint au shérif. Je suis venu vous poser des questions au sujet de votre père.

Elle fit un pas vers le chariot de jardin et déplaça ses pieds en posture défensive, brandissant la hachette comme une arme.

— J'ai parlé au shérif y a quelques jours. C'est une femme. Je vous prie de quitter mon domicile.

Mick fit quelques pas en arrière et sortit son insigne de sa poche.

— Mademoiselle Lowe, dit-il. Vous avez parlé à Linda Hardin. C'est ma sœur. Elle est à l'hôpital.

— Elle allait bien quand elle est partie d'ici.

— Je sais. Quelqu'un lui a tiré dessus chez Leo Gowan.

— Vous m'en voyez désolée. Elle m'avait l'air sympa. Chaleureuse.

— Oui, elle l'est. Elle va s'en sortir.

— Bien. Vous êtes là pour me dire qui a tué papa ?

— Non.

Elle se tourna vers le billot et trancha adroitement une bûchette de cinq centimètres d'épaisseur. Mick rangea son insigne et s'approcha, mains vides en évidence. Il ramassa la bûchette et la jeta dans le chariot de jardin. Elle finit de fendre deux nouvelles bûches, puis elle fit une pause. Mick s'avança dans les hautes herbes et attrapa la poignée horizontale du chariot.

— Ça va où ? dit-il.

— Je m'en occuperai après. Merci. Vous voulez de l'eau ?

Mick acquiesça. D'un coup de poignet, elle enfonça la hachette dans le billot et se retourna. Il la suivit sur le porche. Elle retira ses bottes, les posa à côté d'une paire de baskets en toile, et entra dans la maison. Elle revint chaussée de pantoufles en cuir, apportant deux grands verres d'eau avec des glaçons.

— Asseyez-vous n'importe où, dit-elle avant de choisir une chaise en bois avec un coussin rouge accroché au siège.

Mick tira une chaise et la fit pivoter pour être face à elle.

— Merci, dit-il.

Janice était nimbée d'une aura de solitude, pas celle de quelqu'un qui rejette les gens, mais de quelqu'un qui les évite.

— Votre père, dit-il. Il avait des problèmes avec quelqu'un ?

— Non, je l'ai dit à votre sœur. Tout ce qu'il faisait, c'était bosser sur ses voitures. Vous avez parlé avec des gens du circuit ?

— L'autre adjoint s'en est occupé. À en croire ses notes, tout le monde a dit que votre père était le meilleur mécano des environs. Borné et indépendant. Il bossait pas pour n'importe qui, même pour plus d'argent.

— C'est papa tout craché.

— Vous saviez qu'il avait demandé à Roscoe Reeder de garder un coq pour lui ?

— Pourquoi il aurait fait ça ?

— Selon Roscoe, c'est un coq de combat. Censé valoir beaucoup d'argent. Quelqu'un l'a menacé pour cet oiseau.

— Combien d'argent ? dit-elle rapidement avant de regarder le jardin.

— Trois mille.

— Encore de l'eau ?

Mick acquiesça. Elle se leva prestement et emporta les verres à l'intérieur. Mick médita leur brève conversation.

La plupart des gens auraient voulu savoir qui avait menacé leur père, pas combien valait le coq. Elle avait changé de sujet tout de suite. Il jeta un œil à la porte moustiquaire. Les bottes en caoutchouc paraissaient beaucoup plus grandes que les baskets et il se demanda si Janice portait deux paires de chaussettes. Les bottes étaient sans doute fourrées. Il se leva et alla en silence à la porte, s'accroupit et retourna une des baskets. La semelle portait le nombre 38 ainsi que le nom de la marque – Iris. À travers la porte moustiquaire, il entendit un robinet couler. Il sortit en hâte les photos de Johnny Boy et compara les empreintes à la semelle d'une basket. Elles étaient identiques.

Il retourna à sa chaise et observa le jardin en pente. La brise charria une odeur nauséabonde. Janice sortit avec les verres d'eau. Elle fronça le nez devant l'odeur.

— J'ai quelques cochons, dit-elle. Ils sont sous le vent, mais ça arrive qu'un courant d'air vienne par ici.

— Quand j'étais petit, j'aidais un homme à récupérer de la nourriture pour ses cochons. On faisait la tournée des écoles du comté et on récupérait les poubelles remplies des restes du déjeuner. Puis on allait chez lui et on nourrissait les bêtes.

— Malin, dit-elle. De la bouffe gratuite.

— C'est exactement ce qu'il disait. Il buvait beaucoup et j'ai démissionné. Et quand je dis beaucoup, c'était vraiment beaucoup. Du whiskey toute la journée, tous les jours. Tous ses enfants avaient mis les voiles dès que possible. C'est parce que le benjamin est parti que j'ai eu ce boulot. Il avait l'œil baladeur.

— Il était marié ?

— Non. Je veux dire qu'il avait un œil qui partait de côté. Il regardait tout la tête penchée. Paraît que ça le rendait imbattable au billard. Son père, il est tombé de l'arrière de son pick-up tête la première dans une de ces poubelles pleines de pâtée. Il s'est noyé dedans.

— J'aurais cru qu'elle se renverserait, avec lui dedans.

— Il était très petit. J'aurais dû le préciser.

— Pourquoi vous me racontez tout ça ?

— C'est l'odeur de vos cochons qui m'y a fait penser. (Il désigna le chariot.) Vous fendez votre propre bois ?

— Ouais, ça me maintient en forme.

— Avant, je débitais des bûches pour mon grand-père. Tout ce dont je rêvais, c'était une de ces fendeuses automatiques.

— Mon cousin en avait une. Il y a laissé trois doigts.

— La tronçonneuse, c'est plus sûr qu'on le croit.

— J'en ai une à batterie.

— Elle tient combien de temps ?

— Quarante volts me font à peu près deux heures. Trois sur du petit bois.

— Quelle taille de guide ?

— Trente-cinq centimètres. Est-ce que c'est comme dans l'histoire de la pâtée ? Un petit ivrogne qui tombe sur une tronçonneuse ?

Un bobolink lança son gargouillis caractéristique. Mick le regarda se poser au sol et pénétrer dans les hautes herbes à l'orée des bois. Sa tête plate était bicolore, indiquant qu'il s'agissait d'un mâle. Mick savait qu'il y avait un nid là-bas.

— Le truc, dit-il, c'est que chaque tronçonneuse a un motif unique. La marque qu'elle laisse sur le bois. Comme de l'ADN. Que pensez-vous que je trouverais si je comparais votre tronçonneuse aux marques sur cet arbre derrière chez Hack Darvis ? L'arbre que quelqu'un a abattu pour faire passer une voiture ? Vous pensez que le motif serait le même ?

— Qu'est-ce que je pense ? C'est ça que vous me demandez ?

Mick acquiesça.

— Ce que je pense, dit-elle, c'est que c'est un ramassis de conneries.

— Vous avez raison, dit-il. J'ai tout inventé.

— Pourquoi ça ?

— Parce que ces chaussures à côté de la porte correspondent aux empreintes de pas à l'endroit où Hack Darvis a été tué. C'est du 38.

Elle regarda les chaussures puis soutint le regard de Mick. Le vent tourna, charriant cette fois les relents terreux de la carotte sauvage. Deux écureuils se chamaillaient dans l'herbe. Le premier grimpa dans un arbre et poursuivit dans les hautes branches, hors de vue. Un cardinal surpris s'envola sur un buisson.

— Vous feriez mieux de tout me raconter, dit Mick.

— J'ai pas besoin d'un nouvel homme qu'essaie de me réparer.

— Je ne suis pas lui. Je suis un type assis au soleil et prêt à écouter. Vous pouvez pas savoir combien de retex j'ai pu faire. Pas un seul ne m'a apporté quoi que ce soit. Juste du scribouillage pour faire plaisir aux gratte-papier. Un moyen pour les huiles de justifier des mauvaises décisions, principalement. Mais parler à un autre soldat qui était dans le même bateau, ça, ça m'a aidé.

— Combat ?

— 101e aéroportée. Vous ?

— Deux missions comme toubib. Groupe de combat de la troisième brigade d'infanterie, 25e division. Mon boulot, c'était de garder les soldats en bon état sur le terrain. Maintenant, je fais pareil avec les cochons.

— Votre père connaissait Hack ?

— Ouais, depuis l'enfance. Papa s'est lancé dans les poules après la mort de ma mère. Juste des pondeuses. Puis ces saletés d'oiseaux de combat. Il s'y connaissait en voitures, pas en coqs. Il a mis jusqu'à son dernier sou pour en acheter un. Charles, il l'appelait. Il disait que les vrais gagnants, c'étaient les propriétaires de voitures, pas les pilotes. Et que Charles était la meilleure voiture du circuit. Il adorait ce piaf.

— J'ai entendu dire que c'était un type bien.

— Il l'était. Mais il comprenait pas très bien comment marche le système. Comment il marche vraiment. Surtout Hack et ces combats de coqs.

— Qu'est-ce que vous voulez dire ?

— Hack truquait les combats et se faisait de l'argent dessus.

— Comment ?

— Avec les paris. Il mettait les oiseaux en binômes. Son truc, c'était qu'il collait un fort contre un faible. Tout le monde savait que le fort devait gagner. Du coup, le faible avait une grosse cote. Hack mettait du venin sur ses gaffes, puis il pariait contre le favori. Une petite entaille et le favori mourait. Hack raflait la mise.

— Il ne pouvait pas faire ça tout seul.

— Non, il avait deux gars de Vanceburg avec lui. Papa disait qu'ils se faisaient des tonnes de fric. Et puis ils ont arrêté de venir et Hack a voulu que papa roule avec lui et empoisonne Charles. Mais papa aimait pas la triche. Et il voulait pas que Charles meure comme ça. Pas même pour la moitié des gains en échange.

— Comment vous savez tout ça ?

— Papa m'a raconté. Il est venu ici et m'a demandé de garder Charles pour lui. Je n'avais pas de poulailler. Je lui ai dit de le rapporter d'ici quelques jours, le temps que je bricole un truc. Il a dit qu'il ne pouvait pas attendre quelques jours. Apparemment, Hack le menaçait de tuer Charles si papa ne rentrait pas dans sa combine. Souvent je me pose ici et je me dis que si j'avais pris ce foutu piaf, papa serait encore en vie.

— Tout le monde raisonne comme ça quand quelqu'un meurt.

— Parfois c'est vrai.

Mick acquiesça, songeant à ses propres regrets quant à la mort de certains camarades. Il n'était pas responsable mais se sentait comme tel. C'était un réflexe naturel, qu'il fallait éviter.

— Et ensuite ? dit-il.

— Quand j'ai trouvé papa, j'ai su que Hack l'avait tué.

— Vous en avez parlé à quelqu'un ?

— Personne à qui le dire. Ce que j'ai fait, c'est que je me suis mise à observer Hack. Il se trimballait en quad. Portait deux armes. Un Glock à la hanche. Et un fusil attaché à l'arceau de sécurité. Je me suis dit que c'était le même fusil avec lequel il avait tué papa. Donc j'ai attendu qu'il descende du quad. J'ai pris le fusil au cas où les flics auraient besoin de preuves. Il m'a vue.

— Il a dit quelque chose ?

— Ouais. Il a dit qu'il avait tué papa et qu'il avait pas peur d'une fille. Qu'il me baiserait tellement fort que ça tasserait la terre.

Mick hocha la tête, conscient qu'il fallait marcher sur des œufs.

— Et là, qu'est-ce qui s'est passé ?

— Il a tiré avec son Glock. À côté.

Mick continua de hocher la tête, pensant au rapport de Johnny Boy faisant état d'une balle manquante dans le chargeur. Il pouvait deviner la réaction de Janice quand on lui avait tiré dessus, l'instinct d'un soldat. Il attendit la suite, mais elle garda le silence, le dévisageant avec calme. Il lui demanda, sur le ton de la conversation :

— Après ce coup de feu, qu'est-ce que vous avez fait ?

— Je suis rentrée chez moi.

Mick réfléchit. Son histoire répondait à beaucoup de questions, jusqu'au serpent à sonnette dans le hangar de Hack. Il savait qu'elle avait utilisé le fusil contre Hack Darvis. Il savait aussi qu'elle ne l'avouerait jamais. Les chaussures étaient le seul élément dont il disposait, une preuve indirecte au mieux. Elles étaient vendues en ville, ce qui signifiait que plein de gens en possédaient une paire. Il serait impossible de prouver que les empreintes sur les photos étaient les siennes.

Le vent apporta une odeur de chèvrefeuille. Les nuages s'écartèrent et la lumière filtra entre la cime des arbres comme à travers une bande de gaze. Si elle avouait, il devrait la placer en détention.

— Que feriez-vous, dit-elle, si quelqu'un tuait votre père ?

— Mon père est mort à cause de la boisson quand j'étais petit.

— Eh ben, le mien en a pas eu la chance.

Elle croisa les mains sur ses genoux, renversa la tête en arrière et ferma les yeux. Mick l'observa attentivement. Il avait connu le stress post-traumatique et l'avait vu sous de nombreuses formes, mais elle n'en présentait aucun des signes habituels. Peut-être qu'elle était douée pour les cacher. Mais il en doutait. Dissimuler ses émotions demandait de l'entraînement et c'était clairement une femme qui ne fréquentait pas beaucoup de gens.

— Où est le fusil ? dit-il.

— Sous le chariot de jardin.

Il se demanda si c'était une ruse, un traquenard qu'elle avait appris dans le désert, une grenade dégoupillée calée sous l'essieu.

— Pourquoi vous le gardez la ?

— Je le garde pas là. Je le trimballe avec moi au cas où quelqu'un de la famille de Hack se pointe ici. J'ai entendu votre pick-up et j'ai planqué le fusil.

— Comment vous avez su que j'étais pas un Darvis ?

— Vous ressemblez à votre sœur.

Mick se leva, alla au chariot et en fit lentement le tour, en quête d'un fil de détente. Il le renversa en arrière. Une carabine Savage à double canon était nichée dans les herbes. Il la ramassa et vérifia la culasse. Elle était chargée. Il laissa la culasse ouverte, cala la carabine au creux de son coude. Janice était assise sur le porche et l'observait. Elle n'avait pas bougé et il comprit qu'elle attendait qu'il procède à son arrestation.

— J'ai fait des recherches sur Hack Darvis, dit-il. Il n'a pas d'enfants. Le reste de sa famille a déménagé ailleurs.

Elle hocha la tête.

— J'ai besoin de ces chaussures, dit-il.

Elle ramassa les baskets en toile usées et les apporta dans le jardin. Elle les lui tendit. Il ne bougea pas et elle les lança dans le chariot. Tenant toujours la carabine, il prit les chaussures et marcha vers son pick-up.

— Hé, dit-elle.

Il s'arrêta et se tourna, se demandant si elle avait un petit pistolet. Cette pensée le quitta aussi vite qu'elle était venue, le temps qu'il pivote sur ses talons. C'était une soldate. Si elle avait voulu qu'il soit mort, elle ne l'aurait pas interpellé. Elle tenait un bout de bois.

— Qu'est-ce que vous allez faire ? dit-elle.

— Je sais pas encore.

Il mit la carabine et les chaussures dans son pick-up et s'installa au volant. Elle n'avait pas bougé. Il baissa la vitre et dit :

— Au moindre écart de conduite, je vous coffre dare-dare.

Il roula jusqu'au bitume et s'arrêta sur le bas-côté, se demandant s'il commettait une erreur. D'abord, Penny, maintenant Janice. Il espérait qu'il ne les laissait pas dans la nature parce que c'étaient des femmes. Non, il avait arrêté plus d'une femme soldat. Il s'était battu contre deux d'entre elles, dont une l'avait poignardé. Peut-être que c'était la vie civile, le flou général, l'absence de protocole strict. Il ne s'était jamais remis en question jusque-là. Depuis sa retraite, c'était tous les jours. Il passa une vitesse et revint doucement sur la route.

Si quelqu'un avait tué son grand-père, il aurait fait pareil qu'elle. Il avait tué des hommes sous le coup de la colère, mais ça ne signifiait pas qu'il le referait. Il pensait qu'il en allait de même pour elle. Son grand-père aurait dit que Mick suivait le code des collines. Il espérait que c'était vrai.

20

Joe Tiller avait perdu tout ce qui avait compté dans sa vie – son frère assassiné, son épouse morte d'un cancer, un fils tué pendant la guerre du Golfe, l'autre poignardé à mort en prison. En un sens, Joe s'était perdu lui-même en changeant de nom et en passant la moitié de sa vie dans le Montana et en Alaska. Maintenant qu'il était de retour dans le comté d'Eldridge, il espérait que personne ne le reconnaîtrait. Qui aurait pu le remettre ? Il avait une bedaine, des cheveux gris et une longue barbe. Ses bras autrefois musclés étaient devenus filiformes. Il avait soixante ans, en paraissait soixante-dix et avait l'impression d'en avoir cent.

Il avait roulé près de huit mille kilomètres, dormant dans sa voiture ou dans des motels au rabais. Il aurait aimé être une machine qu'on pourrait démonter, huiler, et réassembler avec quelques pièces neuves. Le long trajet avait fait des dégâts à sa patte folle. Un gamin lui avait tiré dessus un quart de siècle en arrière. La balle s'était nichée contre son os et Joe avait bêtement essayé de la déloger avec un pistolet. Une grave erreur, ni la première ni la pire. Tuer un homme était la pire, et Joe commençait à penser que revenir au pays était juste après sur la liste.

Il reconnaissait à peine Rocksalt, seulement quelques bâtiments sur Main Street – le vieux bazar, une église, le siège du comté. Railroad Street n'existait plus. Maloney's avait disparu. La moitié des commerces de la ville se donnaient des airs d'antiquaires pour refourguer des objets des années 1990 : des vinyles, des figurines, des gadgets vendus par télé-achat censés faire gagner du temps. Il avait appris une chose essentielle : le temps n'était jamais gagné, il était soit rogné, soit étiré plus longtemps que nécessaire. Si on pouvait vraiment gagner du temps, les riches auraient tout raflé depuis belle lurette.

L'hôpital avait englouti une extrémité de la ville tandis que l'université avait dévoré l'autre. Un jour, ils finiraient par se retrouver au milieu et engager une bataille immobilière. Joe éprouva un pincement de soulagement en avisant un magasin familier – Whitley's Grocery – toujours situé à la limite de la ville. L'établissement était plus petit que dans son souvenir. L'agencement intérieur était resté identique, avec six rayons d'articles de première nécessité et une caisse unique à l'entrée. Une jeune femme aux boucles d'oreilles multiples et au bras entièrement tatoué utilisa un appareil portable pour scanner ses articles. Il lui demanda si elle était une Whitley et elle ne comprit pas la question. Il paya en espèces, comme il le faisait depuis des dizaines d'années, afin de ne laisser aucune trace électronique derrière lui.

Il apporta deux sacs de provisions à son véhicule. Par habitude, il vérifia les pneus et le niveau d'huile. Satisfait, il s'installa au volant et roula vers l'est dans les collines boisées. Au bout de quelques kilomètres, il se détendit. Les contours du paysage familier lui apportaient un certain réconfort. Deux virages dangereux avaient été redressés, le premier changement positif qu'il voyait. Il se souvenait d'un triple virage en S qui avait causé de multiples accidents, dont celui du bus scolaire qu'il prenait pour aller au lycée. À l'époque, c'était l'événement le plus palpitant de sa vie. Il regretta que ce ne soit plus le cas.

Il dormait à la vieille maison de famille depuis son retour, qu'il avait retrouvée tel un oiseau migrateur qui réinvestit un vieux nid. La maison tenait à peine debout. Les colonnes du porche avaient pourri et le toit était tombé en avant comme une trappe qui se referme. L'intérieur était jonché de canettes de bière et de mégots de cigarettes. Un bang cassé gisait dans un coin. Sa maison d'enfance était devenue un lieu de débauche pour les jeunes.

Il l'avait nettoyée, se rappelant l'emplacement exact de chaque meuble – le canapé sous une fenêtre, le fauteuil de sa mère, un grand tapis qui avait appartenu à sa grand-mère. Expert en camping, Joe avait installé un matelas gonflable pour dormir dans le coin le plus abrité du salon. Il mangeait à même des boîtes de conserve préparées au réchaud et avait effectué quelques réparations élémentaires. La maison était un réceptacle de souvenirs, mais son meilleur souvenir venait du Montana – le jour où il était entré dans une source d'eau chaude naturelle avec Botree vingt-cinq ans plus tôt. Ils étaient restés ensemble jusqu'à la mort de Botree. Un an plus tard, il avait chargé le Wagoneer pour rentrer au pays – pas un jour n'était passé sans que le Kentucky lui manque.

Il s'arrêta au pied de sa colline familiale, passa en quatre roues motrices et commença l'ascension. C'était son quatrième Wagoneer, un véhicule idéal pour les montagnes du Montana et le relief neigeux de l'Alaska. Ses parents et son frère étaient morts et il n'avait pas parlé à sa sœur depuis plus de vingt ans. Il supposait que ses neveux étaient adultes et il espérait qu'ils s'en étaient mieux sortis que ses propres fils.

La route rétrécit jusqu'à disparaître complètement, mais il continua à avancer, contournant les arbrisseaux et les arbres de taille adulte. Il se gara, rassembla ses provisions et entra dans la maison. Un jeune homme se tenait à l'intérieur, avec un uniforme des forces de l'ordre et une arme à sa hanche. Joe lui adressa un signe de tête et posa ses provisions sur une table bricolée avec des planches de rebut posées sur deux seaux. Il s'installa sur la chaise unique, rafistolée avec du scotch et du fil de fer. Il dévisagea le flic et attendit.

— Je suis le shérif du comté d'Eldridge, dit l'homme. Qui êtes-vous ?

— Joe Tiller.

— Que faites-vous ici ?

— Je suis juste de passage. Je m'excuse si c'est votre terrain. Je ne crois pas avoir abîmé quoi que ce soit. J'ai essayé de retaper comme j'ai pu.

— Pourquoi, si vous êtes juste de passage ?

— On se refait pas. Même quand je louais, je passais mon temps à faire de l'entretien.

Le shérif désigna une boîte à outils dans le coin.

— Vous voyagez avec des outils ?

— Quelques essentiels. Une vieille habitude. Je suis en route pour la Floride.

— D'où venez-vous ?

— Ici et là. Du nord, en gros.

— J'ai vu votre véhicule en ville. Pas de plaque d'immatriculation.

— Elle est sur la banquette arrière. Les petits taquets ont rouillé. J'ai pas eu le temps de les défaire. Je peux vous montrer la plaque si vous voulez.

— Non, vous bougez pas d'ici, dit le shérif. Vous avez une pièce d'identité ?

— Ouaip.

— Jetez votre portefeuille ici. Doucement.

Joe tira un portefeuille en cuir usé de sa poche. Il le lança en cloche aux pieds du shérif, soulevant un petit nuage de poussière. Le shérif le ramassa, tira le permis de conduire et l'inclina à la lumière. Il l'examina, puis toisa Joe.

— L'Alaska. Vous êtes bien loin de chez vous, monsieur Tiller.

— Les hivers commençaient à me peser.

— J'ai entendu dire qu'il fait tellement froid que les pneus peuvent devenir carrés pendant la nuit.

— Je n'ai jamais vu ça. Mais une année, on a eu -50 pendant un mois entier.

— La plupart des gens ont plus de choses dans leur portefeuille.

— J'ai pas besoin de beaucoup.

— Pas de carte de crédit. Pas de contact d'urgence. Pas de photos de famille.

— Je suis un peu juste sur tout ça en ce moment.

— Vous savez à qui appartient cette maison ?

— Je vous avoue que non.

— C'était celle de Darly et Zale Caudill. Puis elle est allée à leur fils et à son épouse, Rupert et Aline.

Joe prit une profonde inspiration à la mention de ses parents. Il expira lentement, puis inspira profondément. Il s'était retrouvé dans des situations plus délicates, mais pas ces derniers temps. Le shérif était trop jeune pour avoir connu les déboires de Joe dans le comté d'Eldridge. Quelqu'un avait dû voir sa voiture et appeler les autorités. C'était ainsi que fonctionnaient les collines – les voisins se serraient les coudes même s'ils habitaient à des kilomètres de distance. Sans doute une femme âgée qui vivait seule. Un homme serait venu lui-même.

Le shérif leva les yeux du permis de conduire.

— Chicken, dit-il. C'est vraiment le nom de votre ville, là-haut ?

— Ouaip.

— Drôle de nom.

— Il paraît qu'ils voulaient l'appeler Ptarmigan, parce que beaucoup de ces oiseaux y vivent. Les anciens n'arrivaient pas à l'orthographier, alors ils ont choisi Chicken.

— C'est où Chicken ?

— Dans l'intérieur. Sud-est de Fairbanks.

— Près du Canada ?

Joe acquiesça. Cette conversation ne lui plaisait pas, mais il devait se montrer coopératif.

— J'aime les cartes, dit le shérif. J'en ai toute une collection. Y en a qui disent qu'elles sont obsolètes aujourd'hui, rapport à Internet. Pourquoi on aurait besoin d'une carte en papier quand on a un téléphone ? Mais moi je suis pas d'accord. Un jour, on aura de nouveau besoin de ces cartes en papier. Je les collectionne et je les étudie.

Si mes souvenirs sont exacts, Fairbanks, c'est pas loin du Yukon. Je me trompe ?

— Cinq ou six heures de route, je dirais. L'été. Les routes sont fermées en hiver.

— Et Chicken est au sud-est, c'est ça ? À quelle distance de Fairbanks ?

— Cinq heures environ.

Le shérif le dévisagea un long moment, puis il reporta son regard sur le permis de conduire. Patient de nature, Joe avait perfectionné cette qualité en endurant les longs hivers d'Alaska. Il était assis immobile et pouvait entendre sa propre respiration. Une mouche entra par une fenêtre brisée, effectua un cercle de reconnaissance et se posa sur la table à côté des provisions. Le cri d'un grand pic en vol leur parvint de l'extérieur. Ça avait été son oiseau préféré. Il connaissait autrefois son espérance de vie, mais cette information s'était effacée et il se demanda ce qu'il avait oublié d'autre. Suffisamment pour tomber nez à nez avec un représentant des forces de l'ordre.

— Voilà ce que je pense, dit le shérif. Je pense que vous avez choisi Chicken parce que c'est proche du Canada au cas où vous devriez mettre les voiles. Je pense que "Joe Tiller" est un faux nom. Je pense que vous êtes Virgil Caudill. Je pense que vous êtes venu dans cette maison parce que vous y avez grandi. Je pense que vous avez tué mon cousin. Billy Rodale.

— Qu'est-ce qui vous fait croire que je suis ce Caudill ?

— Les yeux et les sourcils. Les pommettes. Vous pouvez faire pousser toute la barbe que vous voudrez, mais les yeux et l'arcade ne changent pas.

Joe médita cette remarque. Des années auparavant, Botree lui avait suggéré d'altérer la forme de ses sourcils, mais il avait refusé. Ils étaient en sécurité à Chicken. Après la mort de Botree, plus rien ne le retenait là-bas. Il prit une profonde inspiration, puis deux autres, et expira lentement et calmement. Il était fourbu et courbaturé, assis dans la maison de sa mère. L'heure était venue.

— Je suis Virgil Caudill, dit-il.

Son corps entier se détendit – chacun de ses membres, de ses muscles, de ses tendons. Il éprouva un soulagement dans toutes ses cellules à prononcer son nom après vingt-cinq ans. Peut-être que c'était pour ça qu'il était revenu.

— Le terrain appartient toujours aux Caudill ? dit-il.

— Selon le cadastre, oui. Il a pas été vendu. Votre sœur a payé les taxes.

— Elle est où ?

— Dayton, dans l'Ohio. Son mari a trouvé du travail là-bas.

— Marlon, dit Virgil. Il était capable de réparer n'importe quoi. Et Abigail Trent ?

— Je connais un paquet de Trent, mais pas elle.

— Elle a à peu près mon âge. Elle a dû se marier et changer de nom. C'était ma fiancée à l'époque. Ou du moins c'était ce que tout le monde croyait. Je sais pas ce qu'on était exactement.

— Vous avez une arme sur vous ? dit Johnny Boy.

— Ouais. Un pistolet.

— Que diriez-vous de la sortir doucement et de la poser ?

— Non, je suis pas encore prêt à faire ça.

Johnny Boy ajusta sa position et défit la patte de sécurité de son holster.

— Comment vous m'avez trouvé ? dit Virgil.

— Je vous ai vu trois fois. Une fois en faisant le plein dans le comté de Fleming. Deux fois en ville. J'ai vérifié au motel et aux campings. J'en ai déduit que vous étiez soit au cimetière, soit ici. J'ai vu une rudbeckie fraîchement cueillie sur la tombe de votre mère.

— C'était sa préférée. Ça et le tournesol. Elle les plantait ensemble. Elle disait que c'était la même famille, la petite et la grande.

— Pourquoi vous êtes revenu ?

— Je me pose la question depuis que j'ai mis un pied ici. Vous allez m'arrêter ou me tuer ?

— Je me pose aussi la question.

Les deux hommes se dévisagèrent durement. Les deux voyaient une version d'eux-mêmes – passée et future. Ça ne plut ni à l'un ni à l'autre.

— Je veux tout savoir, dit Johnny Boy. Depuis le début.

Virgil acquiesça. Son premier réflexe était de prendre une minute pour tout assembler dans sa tête, mais il s'aperçut que ce n'était pas nécessaire. Cela faisait des années qu'il attendait de raconter son histoire. Il ne s'était pas attendu à le faire devant un shérif du Kentucky sorti de l'œuf, encore moins un cousin de Rodale.

— Depuis combien de temps vous êtes shérif ? dit-il.

— Quelques jours. Pourquoi ?

— Vous avez l'air jeune.

— C'est temporaire. Maintenant accouchez.

— Mon frère Boyd était en roue libre à l'époque. Alcool, jeux d'argent, drague, voitures pliées, la totale.

Boyd s'est fait tuer et tout le monde savait que c'était Rodale le coupable. Tout le monde – ma famille, toute la colline, la moitié du comté. Le shérif aussi. Il est venu chez nous et il a dit qu'il fermerait les yeux si quelque chose arrivait à Rodale.

— C'était Troy Johnson ? dit Johnny Boy.

— Ouaip, ce bon vieux Troy.

— Pourquoi il a dit ça ?

— Il était sorti avec ma sœur, voilà pourquoi. Vous avez encore des questions ou c'est moi qui raconte ?

— Je prononce plus un mot jusqu'à ce que vous ayez fini.

— Je travaillais au ramassage des ordures pour l'université. On était quatre dans l'équipe. Ils étaient tous au courant pour Boyd. Abigail aussi. Et chaque homme, chaque femme, chaque enfant attendait que je fasse quelque chose. Mais je voulais pas. J'ai pas ça en moi. Boyd, si. Si c'était moi qui étais mort, il aurait tué Rodale le lendemain. Je croyais que si j'attendais assez longtemps, ça finirait par se tasser, mais ça marche pas comme ça dans ces collines. Alors j'ai dégoté un acte de naissance au nom de Joe Tiller. J'ai trouvé le nom dans un cimetière, un type né la même année que moi, mais mort jeune. J'ai utilisé l'acte de naissance pour obtenir un nouveau numéro de sécurité sociale et un nouveau permis. C'était plus facile dans les années 1990. J'ai acheté une voiture et je l'ai immatriculée au nom de Joe Tiller. Je l'ai laissée à l'aéroport de Cincinnati et je suis rentré chez moi.

Il s'arrêta, un peu essoufflé. Il avait parlé plus vite qu'à l'accoutumée parce que c'était la première fois qu'il n'était pas obligé de redoubler de prudence afin de ne pas se trahir. En Alaska, il avait peu d'échanges avec qui que ce soit, jamais rien de personnel, et ses mots étaient toujours soigneusement pesés. Il inspira et reprit.

— J'ai épié la maison de Rodale pendant une semaine. Il n'est pas sorti une seule fois. Peur du dehors, j'imagine. Lui aussi, on lui avait monté la tête. Ce que j'ai fait, c'est que j'ai fixé un silencieux pour tondeuse sur mon pistolet. Puis je suis allé chez lui et je lui ai collé six balles. J'ai roulé jusqu'à l'aéroport de Cincinnati. J'ai laissé ma voiture là-bas pour faire croire que j'étais parti en avion. Puis je suis monté dans la voiture que j'avais achetée et je suis allé jusqu'à Missoula, dans le Montana. Là-bas, j'ai loué une cabane sur Rock Creek. J'ai rencontré une femme et j'ai emménagé avec elle en Alaska. Elle avait deux enfants de deux pères différents. On a vécu à l'extérieur de Fairbanks pendant quelques années. Ça se développait à toute vitesse et on est partis à Chicken. Ensuite, j'ai pas bougé de là-bas. Ma femme est morte et je suis rentré au pays.

Il s'arrêta de parler suffisamment longtemps pour que Johnny Boy constate qu'il avait terminé. Virgil semblait à la fois fatigué et revigoré. Johnny Boy comprenait la pression qu'avait subie Virgil pour venger son frère. Il s'était vu inculquer une rancœur similaire envers cette branche de la famille Caudill.

— Vingt-cinq ans à vivre là-haut, dit-il. Vous avez fait quoi pendant tout ce temps ?

— Chassé. Pêché. Coupé du bois, fendu du bois, empilé du bois. Beaucoup lu.

— Comment vous trouviez des livres ?

— À la bibliothèque. En Alaska, on vous les envoie par la poste.

— Vous en avez tiré quelque chose ?

— Ouais. Les humains sont les seuls animaux qui pratiquent la loi du talion. Ils font ça depuis la nuit des temps. Ce que ça signifie, c'est qu'on descend tous de gens qui ont tué par représailles. On a ça au fond de nous. On a la vengeance dans le sang.

— Pas tous.

Virgil se déplaça sur la chaise branlante comme si ses lombaires le gênaient.

— Vous oui. C'est pour ça que vous êtes là.

— Non. Je suis venu vous arrêter pour meurtre.

21

Mick était presque arrivé en ville lorsque son téléphone gazouilla pour annoncer un message. D'ordinaire, il le laissait éteint et rangé quelque part, mais il le gardait à portée de main depuis l'hospitalisation de Linda. La sonnerie lui envoya une décharge de peur à l'idée que la situation ait empiré. Il se rangea sur le côté pour lire un SMS de Johnny Boy.

"SOS. Ancienne maison des Caudill. Maintenant."

Mick fit demi-tour et repartit par là où il était venu. Il connaissait l'emplacement pour s'y être rendu deux ans plus tôt. Le crépuscule transformait les collines en bosses sombres de part et d'autre de la route et quelques étoiles précoces saupoudraient le ciel tel un petit dépôt de givre sur de l'herbe dure. Il mit le cap vers l'est, tourna sur une étroite route goudronnée et trouva les vestiges d'un chemin de terre. Le terrain était trop accidenté pour une propulsion. Il se gara et grimpa la colline avec sa lampe torche et son arme. Il aperçut d'abord le toit sombre de la maison, puis le Jeep Wagoneer devant. Il pénétra dans les bois et fit le tour de la maison, trouvant le gros SUV du shérif garé derrière. À l'entrée, un homme était assis sur les marches cassées. Mick brandit son Beretta. Dissimulé par l'ombre épaisse d'un chêne, il dit :

— Pas un geste. Mettez vos mains devant vous.

— C'est moi, dit Johnny Boy.

Mick s'avança dans le clair de lune blafard.

— Ça va ? dit-il.

— Pas vraiment.

Johnny Boy désigna la maison derrière lui. Mick monta sur le porche et entra. Un homme gisait au sol à côté d'une chaise, une arme près de sa main, une flaque de sang sous son corps. Mick appuya deux doigts contre sa carotide. Il sortit. Johnny Boy était toujours face aux bois.

— Quelqu'un d'autre ici ? dit Mick.

— Non.

— Tu l'as trouvé comme ça ?

Johnny Boy secoua lentement la tête.

Un lambeau de nuage s'écarta de devant la lune. La lumière s'intensifia. Mick garda ses yeux en mouvement, laissant sa vision périphérique surveiller Johnny Boy. Même dans l'ombre opaque de la nuit, il avait mauvaise mine, comme s'il se remettait d'une longue maladie. Mick adopta une voix basse et réconfortante.

— C'était qui, Johnny Boy ?

— Virgil Caudill. Je suis venu ici pour l'arrêter.

— Il a résisté ?

— Peut-être. Un peu.

— Comment ça s'est passé ?

— Il a sorti une arme. J'ai dégainé la mienne. Il a pas tiré. Il aurait pu. Il a tourné sa poitrine vers moi comme pour me présenter une meilleure cible. Il souriait vaguement. J'ai tiré deux fois. J'étais pas obligé.

— Il avait une arme dans sa main, dit Mick.

— Il n'allait pas tirer. Je le savais mais je l'ai tué quand même. Je le regrette.

— C'est bien, dit Mick. C'est une réaction normale. Dans le cas contraire, il y aurait quelque chose qui tournerait pas rond chez toi.

Johnny Boy posa son arme et son insigne sur les marches à côté de lui.

— C'est toi le shérif, maintenant. Je démissionne. Tu dois m'arrêter.

— Non.

— Je l'ai tué.

Mick éloigna son Beretta et s'assit à côté de Johnny Boy.

— Tu as abattu un suspect armé.

— Tu dois me coffrer.

— Dans le comté d'Eldridge, tout le monde te connaît, pas vrai ? Tu peux parler à n'importe qui, n'importe quand, d'à peu près n'importe quoi. Tu as un profil improbable pour ce métier. C'est pour ça que tu es si bon dans ce que tu fais. Tu m'entends ?

Johnny Boy haussa les épaules et acquiesça.

— Si tu vas en prison, dit Mick, tout ça c'est fini. Tu ne seras plus rien qu'un flic derrière les barreaux. Tout le monde déteste les flics là-bas. Ils te violeront, puis ils te tueront.

La détresse de Johnny Boy se propageait par vagues, le flux et le reflux de la culpabilité et de la tristesse. Mick avait connu ça à plusieurs reprises. Il n'y avait pas de remède. Il avait tout essayé – le whiskey, le sexe, la solitude, le jeu et les médicaments. Soit vous trouviez une manière d'accepter les choses, soit elles vous détruisaient. Johnny Boy pouvait aller dans un sens comme dans l'autre.

— Ce Caudill, dit Mick, il était recherché pour quoi ?

— Homicide. Il s'est assis sur la chaise et il a avoué.

— Pour moi, tu as trois options. Tu peux t'enfuir. Tu peux aller en prison. Ou tu peux raconter à la police d'État ce qui s'est passé. Il y aura une enquête, mais tu seras blanchi.

— Tu en es sûr ?

— Tu as abattu un fugitif qui a braqué une arme sur toi.

— Dans sa maison de famille.

— Ici ?

— Il a grandi ici. Je l'ai tué sur son propre terrain. Je ne veux pas que les gens sachent ça sur moi.

Une ébauche de solution fit surface à l'arrière de la tête de Mick, puis reflua, laissant juste assez de traces pour qu'il l'examine. Il la retourna mentalement. L'idée était un iceberg dont seuls dix pour cent étaient visibles. Une autre pensée afflua, puis une autre.

Une chouette rayée lança son long cri – *who cooks for you, who cooks for you all ?* Puis un gargouillis, comme un Espagnol qui roulerait ses R sous l'eau. Son cri servait à marquer son territoire et Mick attendit qu'une autre chouette lui réponde au loin. Au lieu de se battre, les chouettes annonçaient leur présence, puis elles respectaient l'espace de l'autre. Elles ne tuaient que leurs proies, qui n'en réchappaient jamais.

— T'as un passeport ? dit Mick.

— Ouais. Jamais utilisé. Avec ma dernière copine, on était censés aller au Mexique. On a rompu. Ça m'a coûté cent dix dollars. De l'argent gâché. Maintenant, j'ai tout gâché. Toute ma fichue vie.

La lune était presque au-dessus de leur tête, réfléchissant la lumière sur les collines et scintillant sur le Wagoneer. L'idée de Mick était simple. Le principal obstacle était Johnny Boy, sa culpabilité et son sens des responsabilités.

— J'ai un ami qui vient d'une ville minière du Pays de Galles, dit-il. Sebastien était dans le SAS, les forces spéciales britanniques, puis il a rejoint la Légion étrangère française. Un légionnaire blessé au combat devient automatiquement citoyen français. C'est ce qui lui est arrivé et il s'est installé en Corse. Tu sais où c'est ?

— Une île dans la Méditerranée.

— Je suis censé y être maintenant, mais j'ai pas pu y aller à cause de Linda. Je lui ai loué un deux pièces, payé d'avance pour six mois. Tu peux y aller.

— Je veux pas être en cavale.

— Tu peux faire confiance à Sebastien. Si nécessaire, tu pourras lui parler. Si tu veux pas, t'es pas obligé. Sebastien est un homme de peu de mots. Moi je gère les choses ici.

— Quelles choses ?

— Tout ce bordel. Je veillerai à ce que tu restes en dehors. Quand tu seras prêt, tu rentreras. Je veux dire vraiment prêt. Pas juste quand t'auras le mal du pays, mais quand tu seras prêt à redevenir adjoint. Linda va se rétablir et elle aura besoin de toi.

— Si je prends la fuite, tout le monde saura que j'ai tué Caudill. Ça m'enlève ma raison de partir.

— Je dirai que c'était moi.
— Pourquoi ?
— T'es dans l'impasse et je peux t'aider.
— C'est tout ?
— Ça se résume toujours à ça. Si tu aides pas quand tu peux, y aura sans doute personne pour t'aider quand t'en auras besoin.

Johnny Boy perdit son regard dans l'obscurité des bois. Un bref coup de vent frotta les feuilles les unes contre les autres, un son aussi doux que du velours. Une cigale lança une stridulation hésitante, comme pour annoncer à ses camarades qu'elles étaient en sécurité. L'air s'emplit de leur chant, montant et descendant comme un lointain ressac.

Johnny Boy poussa un long soupir amer.
— OK, dit-il.

Mick rentra dans la maison et prit le pistolet du mort. Dehors, Johnny Boy lui tendit son insigne et son pistolet.
— Ton arme, dit Mick. Elle est fournie par le comté ou à toi ?
— À moi.
— Bien. T'es en état de conduire ?

Johnny Boy acquiesça.
— Suis-moi jusque chez toi.

Ils roulèrent lentement jusqu'à la ville dans un convoi de deux. Mick fut surpris par le décor spartiate de l'appartement de Johnny Boy – pas de canapé, pas de table basse et un seul fauteuil, un Relax avec une lampe orientée pour éclairer derrière son épaule gauche. Des étagères de livres recouvraient les murs du sol au plafond, rangés par sujet et par ordre alphabétique d'auteur. Le plus surprenant était la présence d'un tapis de yoga déroulé par terre.

Tandis que Johnny Boy se douchait et faisait sa valise, Mick lui réserva un vol pour l'aéroport de Bastia-Poretta. Il envoya un message codé à un numéro international qui parviendrait à Sebastien après un long cheminement. Il effaça le SMS de Johnny Boy. Vingt minutes plus tard, Johnny Boy revint avec une valise dans le salon. Mick ne l'avait encore jamais vu habillé en civil – la tenue standard des collines, jean, bottes et chemise de travail.

— Je suis pas sûr que ce soit une bonne idée, dit Johnny Boy.

— Les doutes, c'est bon signe. Ça veut dire que tu retournes la situation dans ta tête, t'es pas juste dans la réaction. C'est ça que tu as fait chez les Caudill. Tu étais prêt à aller en prison. Ça sera la France à la place.

— Est-ce que ça finit par partir ?

— Cette sensation ? Non. Elle reste. Ça devient plus facile de composer avec, mais elle t'accompagnera toujours. Sinon, tu es un psychopathe. Il faut qu'on y aille. Tu as ton passeport ?

— Ouais.

Mick sortit son portefeuille et en tira quatre cents dollars.

— Prends ça. N'utilise pas de carte de crédit. Si tu es à court d'argent, Sebastien t'en prêtera. On fera les comptes quand tu rentreras.

— Et mon billet ?

— Je l'ai payé. Tu pourras me rembourser plus tard. Là tout de suite, il faut que tu écrives une lettre à Sandra et Linda. Une lettre, pas un e-mail. Tu prends un congé temporaire pour une affaire de famille.

— Comme quoi ?

— Raison médicale, c'est le mieux. Personne ne pose de questions. C'est quoi le plus loin où tu as un cousin ?

— Muncie, dans l'Indiana.

— Ça fera l'affaire.

— Autre chose ?

— Ouais. Appelle mon portable. Je vais répondre. Au bout de trente secondes, raccroche.

Johnny Boy passa le coup de fil. Mick répondit et ils se regardèrent en silence, chacun comptant les secondes dans sa tête. Johnny Boy raccrocha.

— Et maintenant ? dit-il.

— Laisse ton téléphone ici. Si tu l'utilises, tu seras localisé en Corse et tout le plan tombera à l'eau. Maintenant, écris ta lettre.

— Bon sang, tu penses à tout, toi, hein ?

— Ouais. J'aurais dû être un criminel.

— Comme Virgil Caudill ? Comme moi ?

— Est-ce qu'il avait prévu de tuer ton cousin ?

— Il dit que oui. Il a utilisé un silencieux à tondeuse pour cacher le bruit.

— C'est ça la différence, Johnny Boy. Toi, tu n'avais rien planifié. Tu es allé là-bas pour l'arrêter et il t'a menacé avec une arme. Maintenant, va écrire cette lettre.

Le trajet jusqu'à l'aéroport de Blue Grass, à Lexington, prit plus de deux heures, Mick restant cinq kilomètres en dessous de la limite autorisée. Un contrôle de routine aurait révélé son sac de survie avec du matériel de combat, trois armes utilisées dans des meurtres et le pistolet de Caudill. Johnny Boy se tenait immobile, le regard perdu à la fenêtre. Il poussait parfois un grognement et secouait la tête.

— Ta voiture, dit Mick. Si tu étais allé à Muncie, elle aurait disparu. Passe-moi les clés.

Johnny Boy fouilla dans sa poche pour en tirer un anneau avec quatre clés en métal, attaché à une patte de lapin en lambeaux, les os dépassant de mottes de fourrure.

— Voiture. Appartement. Deux pour le bureau.

— Depuis combien de temps tu as cette patte de lapin ?

— Mon grand-père me l'a donnée pour mes douze ans. Je voulais un canif. Mais il a dit que j'avais plus besoin de chance.

Ils traversèrent la nuit sans étoiles. Les collines s'abaissèrent graduellement jusqu'aux contrées vallonnées du comté de Fayette avec leurs clôtures blanches qui scintillaient dans la lumière des phares. Mick baissa sa vitre de quelques centimètres pour diriger le vent sur son visage et rester alerte. Il prit la sortie de New Circle Road qui contournait Lexington, arriva sur Man O' War Boulevard et bifurqua à l'entrée de l'aéroport sur Terminal Drive. Il se gara devant le hall des départs. Johnny Boy ne fit pas un geste.

— J'aime pas prendre la fuite, dit-il.

— Tu fuis pas, tu fais preuve d'intelligence.

— Et toi ?

— Je sais pas. Il faut que je reparte voir Linda.

Johnny Boy descendit du pick-up et prit son bagage dans la benne. Il alla jusqu'à la vitre de Mick.

— Merci, Mick, dit-il.

Mick acquiesça, regardant Johnny Boy s'avancer dans un avenir qu'il ne pouvait appréhender. À part la langue, la vie sur l'île était semblable à celle dans le comté d'Eldridge, circonscrite par la mer au lieu des collines. Mick eut un pincement de jalousie de le voir partir à sa place.

Il enclencha une vitesse et roula. L'aéroport était à côté de l'hippodrome de Keeneland. Les pur-sang avaient des vétérinaires à disposition permanente, la meilleure nourriture possible et des écuries avec l'air conditionné. Mick se fit la réflexion que la vie d'un cheval à Lexington était préférable à celle qui attendait Johnny Boy en Corse.

22

Mick traversa Rocksalt et quitta le comté, suivant une route à lacets sous une voûte de branches d'arbres enchevêtrées jusqu'à Sand Plank Pay Lake. Il retira le pistolet de Virgil Caudill du sac de voyage, avança au bord de l'eau et le jeta dans le lac. L'arme sombra dans un plouf discret. En quelques secondes, la surface placide parut inchangée, aplanie par le clair de lune. Il avait jeté des armes ici deux ans plus tôt et jugea qu'une de plus ne changerait rien. Qu'est-ce qu'un os de plus dans un ragoût ?

Il retourna dans le comté d'Eldridge et emprunta la piste envahie par la végétation qui conduisait à la maison des Caudill. Il n'y avait pas de nouvelles traces de pneus. À l'intérieur, le mort était intact. Les mouches l'avaient déjà trouvé. Mick agita la main pour les chasser, un geste inutile. Il retourna à son pick-up et mit le Beretta dans la boîte à gants. Il essuya à fond le pistolet de Johnny Boy, puis le fit passer d'une main à l'autre à plusieurs reprises. Il tira la glissière deux fois, afin qu'il y ait suffisamment d'empreintes pour laisser croire qu'il le manipulait depuis un moment. Il tira un coup dans les bois et fourra l'arme dans sa poche arrière.

Restait le revolver de Gowan, le gros .45 que Penny lui avait remis à Detroit. Il l'essuya méticuleusement, puis sortit les quatre cartouches et les nettoya une par une avant de les réinsérer dans le barillet. Avec un vieux T-shirt qu'il gardait sous le siège passager, il nettoya le fusil de Hack Darvis, avec une attention particulière pour le canon. Il voulait effacer toute empreinte laissée par Janice Lowe et par lui-même.

Dans la maison, il s'accroupit à côté du cadavre et enveloppa la main gauche déjà en train de se raidir autour de l'avant du fusil. Il pressa la main de l'homme contre la crosse et la détente, puis apposa soigneusement l'arme contre un mur. Il inséra l'index droit de Caudill dans le pontet du gros .45 de Gowan. Il tourna la tête et tira un coup dans le mur. Le son résonna dans l'espace confiné. Mick lâcha la main de l'homme par terre. La manipulation était grossière, il le savait, et ne résisterait pas à un examen approfondi, mais l'enquête resterait sûrement superficielle. Les preuves parleraient d'elles-mêmes.

Les seuls accrocs à son plan étaient la rigueur cadavérique et l'heure du décès. Marquis risquait d'envoyer le corps à Lexington pour une autopsie complète. Mais Mick estimait que la résolution de trois meurtres et d'une tentative de meurtre sur une représentante des forces de l'ordre accélérerait la procédure. Surtout si Chet Logan en venait à la conclusion logique que Mick avait prévue.

Il jugea qu'il disposait de quinze heures avant que la lettre de Johnny Boy soit remise au bureau du shérif. Il alla à son pick-up et régla l'alarme de son téléphone sept heures plus tard, puis dormit. Quand il se réveilla, il faisait plein jour. Il passa une série d'appels – à la police de Rocksalt, aux urgences, puis à Sandra au central. Il s'assit sur les marches avec le pistolet de Johnny Boy sur les genoux, se détendant tant que c'était encore possible.

Dix heures plus tard, il était assis au poste de police de Rocksalt avec Chet Logan et le lieutenant Fred Sanders, de l'équipe rapide d'intervention de la police de l'État. Sanders participait à l'interrogatoire en raison de son expérience avec des fusillades impliquant des policiers. Il était grand et mince, avec des épaules larges qui semblaient greffées à son corps. Après huit ans dans la marine, il avait rejoint les rangs de la police de l'État, grimpant rapidement les échelons, de simple policier à lieutenant. En tant qu'ancien marin, il avait un a priori négatif contre Mick et ne s'était pas gêné pour le montrer. Mick se demanda si c'était plus personnel que la simple rivalité entre marine et armée de terre.

Ils étaient assis à une table avec des câbles d'ordinateur au milieu et une console d'enregistrement. Mick portait un T-shirt trop grand, ayant dû confier sa chemise à la scientifique pour une analyse des résidus de tir. Il avait aussi remis l'arme de Johnny Boy en affirmant qu'elle lui appartenait. Après avoir renoncé à son droit à un avocat, il raconta la même histoire une douzaine de fois. Il avait interrogé suffisamment de suspects pour savoir ce qu'il fallait faire – et surtout ne pas faire, notamment utiliser chaque fois la même formulation comme si on avait appris un texte par cœur. Il apporta volontairement de légères variations dans la séquence et les détails. Sanders tiqua à chaque fois. À sa place, Mick aurait fait pareil, parce que toute l'affaire était louche.

L'interrogatoire touchait à sa fin, mais Mick avait encore deux sujets à aborder et il devait attendre que quelqu'un les mette sur le tapis. Il prolongeait la conversation pour leur laisser le temps de le faire. On frappa à la porte et l'officier Dixon entra. Il fit un signe à Chet Logan, qui quitta la pièce. Le lieutenant Sanders coupa l'enregistrement.

— Ça m'a l'air réglo pour l'instant. Légitime.

Mick acquiesça. Lors de ses interrogatoires pour le CID, il lui était arrivé d'interrompre la bande principale et d'en laisser tourner une deuxième. Ce truc lui avait permis d'acquérir des preuves cruciales qui avaient fait plonger deux tueurs.

— Besoin de quelque chose ? dit Sanders. Une cigarette, un saut aux toilettes ?

Mick fit non de la tête.

— Vous voulez passer un coup de fil ?

Mick fronça les sourcils comme s'il réfléchissait à cette possibilité. L'homme avait par inadvertance effleuré un des sujets que Mick voulait traiter, mais Logan parti et le micro éteint, il hésitait. La porte s'ouvrit et Logan revint. Sanders relança l'enregistrement. Quand la machine se remit à vrombir, Logan prit la parole.

— L'homme que tu as abattu est Joe Tiller, d'Alaska. Aucune trace de lui là-haut, ce qui est inhabituel. Rien de chez rien. La voiture de Tiller était immatriculée au nom d'une certaine Botree Smith, du Montana, sa concubine, récemment décédée. Voilà où ça devient intéressant. Les empreintes de Tiller correspondent à celles d'un homme du comté d'Eldridge recherché pour interrogatoire il y a vingt-cinq ans. Virgil Caudill.

— Interrogatoire pour quoi ? dit Sanders.

— Homicide. La victime était Billy Rodale. À l'époque, il était le suspect numéro un pour le meurtre du frère de Virgil, Boyd Caudill. Quelqu'un a tué Rodale. Juste après ça, Virgil a disparu.

— Quelqu'un l'a tué aussi ? dit Sanders.

— Ce n'est pas ce que pensait le shérif. Il y a mieux. Le .45 que Tiller avait sur lui est la même arme qui a été utilisée contre Leo Gowan et Linda. Ses empreintes se trouvent sur le revolver et sur le fusil. Hack Darvis et Pete Lowe ont été tués à distance rapprochée avec ce calibre.

Mick observa les visages des hommes à mesure qu'ils digéraient l'information et agençaient les pièces du puzzle dans leur tête. Il connaissait les questions qu'ils allaient poser.

— Donc si je comprends bien, dit Sanders, Caudill a tué Rodale il y a une grosse vingtaine d'années. Il a changé de nom et s'est enfui en Alaska. Et puis la semaine dernière il revient ici et se met à massacrer des gens au hasard. Pourquoi ?

— Impossible de savoir, dit Logan. Peut-être qu'il est timbré. Peut-être que la télé lui a dit de le faire.

Sanders dirigea son regard sur Mick.

— Des liens avec votre famille ?

— Ça se pourrait. Il y a plus de Caudill ici que n'importe quel autre nom. Des riches et des pauvres. Des Caudill de la ville et des Caudill des collines. Je ne sais pas combien en connaît Linda. Sans doute une douzaine.

— Et c'est un pur hasard que vous ayez tué l'homme qui a tiré sur votre sœur ?

— Je ne savais pas que c'était lui à ce moment-là.
— Pourquoi vous en aviez après lui ?
— Comme je vous ai expliqué, Johnny Boy m'a appelé. Il m'a dit qu'il avait vu le Wagoneer sans plaque d'immatriculation. Il ne connaissait pas le véhicule et le trouvait suspect.
— Pourquoi il n'y est pas allé lui-même ?
— Il ne l'a pas dit et je n'ai pas demandé.
— On suit la chaîne de commandement ? dit Sanders. On remet pas en question l'ordre d'un supérieur ? Protocole de l'armée ?
— Il n'y avait rien à remettre en question. Il m'a parlé du Wagoneer et j'ai vu le véhicule en ville plus tard. Je l'ai suivi sur la 60 jusqu'à une bifurcation. J'ai attendu sur la route principale une heure ou deux. Le Wagoneer est parti et je suis monté.
— Pourquoi vous avez attendu ? dit Sanders.
— Je savais pas qui ou quoi se trouvait là-bas. J'étais seul.
— C'est ça la méthode de l'armée ? Prudence et sécurité avant tout ?
— Pas vraiment, dit Mick. C'est ma méthode. Une leçon durement apprise.
— Qu'est-ce que vous avez trouvé ?
— La maison était vide. Mais on aurait dit que quelqu'un y avait campé. Alors je me suis attardé.
— Et ensuite ?
— Le Wagoneer est revenu. Le conducteur est entré dans la maison. Je me suis présenté comme adjoint au shérif. Il a dégainé une arme et il a tiré. Je l'ai abattu.

Quelqu'un frappa deux coups à la porte. Elle s'ouvrit sur l'officier Dixon, qui tendit une feuille de papier à Chet

Logan et s'en alla. Logan la lut et la passa à Sanders. Ils se tournèrent vers Mick, qui restait stoïque.

— Votre téléphone, dit Sanders. Passez-le-moi.

— Ce n'est pas nécessaire, dit Logan.

— Pas de problème, dit Mick. Si ça peut aider.

Il déverrouilla son téléphone et le fit glisser sur la table. Sanders vérifia les appels récents, puis les messages.

— Pas de messages, dit-il. Vous les effacez ?

— Je pratique pas les SMS.

— Votre méthode ou celle de l'armée ?

— J'ai personne d'assez proche pour ça.

— Qu'est-ce que vous cherchez ? dit Logan.

— L'appel entrant du shérif Tolliver à propos du Wagoneer. Il a été passé hier soir. Ensuite, un appel au 911. Puis Hardin vous a appelé, Chet. Plus rien après ça.

Mick hocha la tête, soulagé. La séquence d'appels validerait sa chronologie.

Logan tapota le papier que lui avait remis Dixon.

— Sandra a apporté ça, dit Logan. C'est une lettre de Johnny Boy. Il demande un congé médical d'urgence. Il doit aller dans l'Indiana. Il doit donner un rein à un cousin qui a eu un accident.

— Pourquoi ? dit Mick. Je croyais qu'on pouvait vivre avec un seul rein.

— Son cousin en a perdu un et l'autre est endommagé. Johnny Boy t'a nommé adjoint quand Linda s'est fait tirer dessus. C'est ça ?

Mick acquiesça.

— Ça signifie que c'est toi le shérif, maintenant, dit Logan.

— Je ne veux pas.

— Si t'acceptes pas, le maire et le juge vont se réunir et en nommer un jusqu'à la prochaine élection.

— Ou bien Linda reprend son poste, dit Mick.

— Oui, et tu as intérêt à le lui garder au chaud. Ces politiciens vont placer un de leurs petits copains. Qui sait ? Ce copain pourrait avoir envie de rester.

— Je peux pas, dit Mick. Je fais l'objet d'une enquête.

— Je pense que les empreintes et l'arme ont clos le dossier. Caudill a été pris d'une sorte de folie meurtrière et tu l'as neutralisé.

Logan regarda Sanders.

— Qu'est-ce que vous en pensez, Fred ? dit-il.

Sanders observait un encadrement d'écussons de différents services de police. Il eut une moue de dégoût résigné.

— Les politiciens sont une sale engeance, dit-il. Et, ouais, ils placeront leur gars. Ça fera de bien à personne d'autre qu'eux. Ça me plaît pas du tout, mais c'est la meilleure solution.

Il regarda Mick comme pour le mettre au défi de réagir. Mick comprit qu'il était frustré et contrarié.

— Il te faudra un adjoint, dit Logan. T'as quelqu'un à l'esprit ?

Mick acquiesça et se tourna vers Sanders.

— Pourquoi pas vous, Fred ?

La tension qui couvait dans la pièce exiguë culmina soudain comme si une explosion avait aspiré tout l'oxygène. Le corps de Mick se relâcha, l'instinct du combat. Il respira lentement, prêt à se défendre. Il n'était pas armé, mais il avait des objets à sa disposition – un stylo sur la table, une lampe à portée de main, la tasse de café. Le montant en plastique des lunettes de Logan. Chaque option se présenta en l'espace de quelques millisecondes. Il ferait son choix en fonction de la direction de l'attaque – par-dessus la table ou de côté.

Sanders soutint le regard de Mick sans ciller. Son visage s'empourpra. Ses yeux se rétrécirent et Mick sut que ça arrivait. Tout s'estompa à l'exception de l'ennemi. Le monde était sous l'eau, ralentissant tout sauf Mick. Il était le poisson le plus rapide de la mer.

Une éruption de rire jaillit de Sanders. Le bruit résonna contre les murs et le plafond jusqu'à ce que Sanders soit à bout de souffle et recommence. Logan se joignit à lui. Leur rire décrut, puis Logan lança : "Pourquoi pas vous, Fred ?" Les deux hommes rirent de plus belle et Mick les imita, à sa grande surprise. Il ne se souvenait pas de la dernière fois où quelque chose avait été drôle. Cette blague ne l'était pas tant que ça. C'était un rire de décharge, le maximum dont il était capable à défaut de pleurer pour sa sœur.

23

Mick se réveilla chez Linda allongé sur le dos, une position qu'il avait adoptée pendant ses classes, vingt ans plus tôt. Par terre, il y avait ses bottines zippées et son Beretta. Il cligna deux fois des yeux, inspira profondément et fut complètement réveillé. Il se leva, s'habilla et fit chauffer de l'eau pour le café. Il le but à la même table où il prenait ses repas enfant. Il lava la tasse dans le même évier. C'était possiblement la même eau. Il avait lu que la Terre avait une quantité finie d'eau qui circulait dans un cycle d'évaporation et de pluie. Peut-être que son café était préparé avec un vieux bain qu'il avait pris.

Son téléphone vibra. C'était une photo d'une tomate rouge dont il savait qu'elle avait rebondi entre l'Europe et les États-Unis avant d'atterrir chez lui. L'image signifiait qu'une autre allait arriver de la part de Sebastien. Trente secondes plus tard, une tête de renard arriva, indiquant que Johnny Boy était en Corse. Mick se demanda combien de temps il y resterait. Il avait vu des hommes détruits par l'acte de tuer et des taciturnes devenir bavards. D'autres disparaissaient complètement, comme Sebastien. Un petit pourcentage parvenaient à mener une existence convenable et ce n'était qu'à leur mort que les gens apprenaient leur sombre passé. Le sort de Johnny Boy était impossible à prédire.

Mick parcourut à pied les huit cents mètres jusque chez Johnny Boy. Son véhicule personnel était dehors, une Chrysler 200 avec peu de kilomètres au compteur. Si Mick la cachait, elle finirait par être retrouvée et éveiller les soupçons. Il pouvait imiter la signature de Johnny Boy sur la carte grise et la vendre dans un autre État, mais ça laisserait une trace. S'en débarrasser complètement était l'option la plus rapide.

Il roula au sud de la ville sur la vieille 1274 jusqu'à Cave Run Lake. Le point d'accès le plus isolé était Claylick Boat Ramp, qui menait à une dépression d'eau profonde contre la rive. Avant le développement de la zone, il nageait là-bas enfant, sautant d'une falaise escarpée. Il négocia une route envahie par la végétation jusqu'au sommet de la falaise et se gara. Il retira la bande indiquant le numéro de châssis, vida la boîte à gants et baissa toutes les vitres. Il chercha dans les bois une solide branche de pacanier. Il trouva surtout du bois mort cassant, mais il finit par dénicher une longue branche sectionnée par la foudre. Il en cala l'extrémité sur l'accélérateur et appuya l'autre contre le siège passager. Elle ne rentrait pas aussi bien qu'il aurait aimé, mais c'était seulement l'affaire de quelques secondes. Il actionna le frein à main et tourna la clé dans le contact. Le moteur démarra, forçant contre le frein tel un animal en laisse. Il utilisa une autre branche pour relâcher le frein et regarda la voiture plonger en avant, comme propulsée par un canon, et s'envoler de la falaise pour finir dans le lac. Elle tangua deux fois avant de sombrer, rejoignant la ville de Yale, inondée par la construction du barrage dans les années 1970.

Mick marcha jusqu'au bitume, appela Albin le chauffeur de taxi et lui demanda de venir le chercher à la rampe de mise à l'eau. Trente minutes plus tard, Albin arriva, toujours aussi enjoué. Mick le réduisit au silence d'un regard, prétexta une gueule de bois et évoqua une aventure amoureuse qui avait mal tourné. Albin eut un sourire entendu et roula jusqu'à l'hôpital.

Juan Carlos et Raymond étaient dans la chambre de Linda, ce qui signifiait que la limite d'un seul visiteur avait été levée, un bon signe. Linda était survoltée à cause des médicaments. J.C. découpait un burrito en petits morceaux pour elle.

— Alors grand frère ? dit Linda. Chet et Sandra m'ont déjà tout raconté. T'es un vrai héros, maintenant, à ce qu'il paraît.

— Juste le temps que tu reviennes.

— Ou Johnny Boy. Où il est passé, celui-là ? Indianapolis ?

— Muncie. C'est au nord-est d'Indianapolis.

— J'ai pas besoin d'une foutue leçon de géographie.

— De quoi t'as besoin, frangine ?

— D'une putain de jambe qui marche.

— Hé, dit Juan Carlos. Il va falloir surveiller ton langage si tu vis avec nous. Mama Shifty aime pas ça. Et moi non plus.

Mick jeta un regard à Raymond, qui haussa les épaules.

— C'est quoi ce plan ? dit-il.

— On l'emmène à la maison pour qu'elle se répare, dit Juan Carlos.

— Merci, dit Mick. Linda, ça t'embête si je reste chez toi ?

— Vas-y, te gêne pas, dit-elle. Prends mon boulot et ma maison. Paraît que t'as rencontré un copain à moi hier. Fred Sanders.

— Me dis pas que c'est à cause de lui que t'as changé toutes tes serrures.

— Eh si.

— Tu m'étonnes qu'il m'aimait pas.

Linda mâcha et avala un minuscule bout de burrito, puis elle but une gorgée d'eau avec une paille flexible.

— Caudill a dit quelque chose ? demanda-t-elle.

— Pas un mot.

— Juste un cinglé, faut croire.

Mick acquiesça. Elle leva la main pour signifier qu'elle ne voulait plus manger, reposa sa tête sur l'oreiller et ferma les yeux. Mick se dirigea vers la porte et Raymond lui emboîta le pas. Ils se plantèrent dans le couloir et attendirent qu'une infirmière s'éloigne.

— Qu'est-ce qui s'est vraiment passé ? dit Raymond.

— Longue histoire. Je te raconterai plus tard. Tu vas t'occuper de Linda ?

— C'est maman et J.C. qu'ont manigancé ça.

— J'aurais besoin d'un adjoint.

— Non.

— Comme ça, direct ?

— J'ai un food-truck à faire tourner.

— OK, mon pote. Merci d'avoir assuré pour elle.

Raymond accueillit cette remarque d'un bref mouvement du menton. Mick annonça à sa sœur qu'il revendrait plus tard et s'en alla. Depuis son pick-up, il appela Sandra et lui demanda si elle connaissait l'officier Dixon.

— Je connais sa sœur, dit-elle. Une bonne famille.

— Parle-moi de lui.

— Dixon, Joseph Taulbee. Vingt-cinq ans. A étudié la criminologie. Terminé deuxième de sa promo. Réserviste pour l'armée mais n'a pas été appelé. Chet l'apprécie.

— On dirait que tu le connais très bien.

— Pourquoi, shérif? On serait jaloux?

— Il me faut un adjoint.

— Pourquoi pas Ray-Ray?

— Il a déjà dit non.

— Redemande-lui.

— Pourquoi?

— Entre toi et moi, il en a marre des tacos. Il a juste fait ça pour assurer les arrières de Juan Carlos. Finalement, tout le monde l'apprécie plus que Ray-Ray.

Mick raccrocha. Au bout d'un kilomètre, il s'aperçut qu'il avait oublié de lui dire au revoir. La vie civile était pleine d'inconvénients. Il se demanda si sa retraite était prématurée. Non, il fallait juste qu'il se réhabitue à la vie civile. Ou peut-être que c'était l'inverse – les gens du comté d'Eldridge devaient s'habituer à lui.

Il secoua la tête. Il s'agissait de Sandra, pas des civils. Son impulsion de faire plaisir aux femmes était un défaut, parce qu'il ne savait pas s'y prendre. Dix ans plus tôt, sa femme était tombée en dépression et ne voulait plus quitter le canapé. La réaction de Mick avait été d'acheter le meilleur canapé disponible – en cuir rouge avec des accoudoirs inclinés, idéal pour poser sa tête. Au lieu de l'aider, ça avait prolongé sa dépression, et maintenant il était divorcé. Il s'efforça de chasser toute pensée. L'intensité de sa concentration était retombée, faisant ressurgir des images oubliées. Le canapé rouge. Sa femme triste.

Il avait envie de whiskey mais besoin des bois. Il décrivit une boucle, empruntant des raccourcis par des chemins de terre jusqu'au terrain de son grand-père. Il se gara au pied de la colline. Il grimpa comme il le faisait enfant, d'un pas lent et silencieux. Au sommet de la colline, il entendit une tourterelle triste, en avance pour la journée. Il s'immobilisa et l'écouta. Son grand-père les adorait. Il faisait pousser du millet pour elles et avait appris à une tourterelle à manger dans sa paume.

Mick passa devant la cabane calcinée et pénétra dans les bois. Une sensation de calme l'enveloppa aussitôt. Il connaissait chacun des arbres. Les oiseaux s'étaient tus à son arrivée, mais leur chant reprit peu à peu, l'entourant comme pour lui souhaiter la bienvenue. Il marcha sans hésiter jusqu'au coin spécial de son grand-père, puis, à quelques pas, au sien. Ils venaient souvent ici pour réfléchir. Parfois ensemble, d'autres fois seuls. Ils ne parlaient jamais. C'était le plus beau cadeau de Papaw, l'idée que Mick avait un endroit où il pouvait s'asseoir et être – son coin à lui.

Il s'assit contre le vieux chêne, se souvenant quand son corps était trop petit pour recouvrir la surface de l'arbre. Aujourd'hui, ses épaules dépassaient de chaque côté. Il étendit ses jambes. Son dos se lova contre l'écorce, le chêne aussi confortable qu'une vieille chemise. Mick appuya ses mains dans la terre meuble.

Il avait falsifié une scène de crime et fabriqué de fausses preuves. Il avait laissé quatre tueurs en liberté. En moins d'une semaine, il était devenu le pire shérif de l'histoire du comté, voire de tout l'État. Les collines étaient comme un nœud coulant – plus on se débattait, plus elles se resserraient. Il s'aperçut que ça lui était égal. Il avait son coin. Il ferma les yeux et écouta les oiseaux.

REMERCIEMENTS

POUR l'histoire locale de Sharkey, dans le Kentucky, je remercie mes vieux amis Mark Eldridge, Mona Eldridge et Michael Campbell. Je remercie également un nouvel ami, le Dr Benjamin Fitzpatrick, professeur d'histoire à l'université de Morehead.

Pour l'expertise médicale relative aux blessures par balles, toute ma gratitude va au Dr Jean Gispen, le meilleur médecin que j'aie jamais connu. Je remercie aussi ses quatre frères, tous médecins : Greg, Tom, Doug et Steve Guyton.

Pour les informations militaires, je remercie Randy Ryan de la 82e division aéroportée.

Toute erreur serait de mon seul fait.

CATALOGUE TOTEM

341 Robert J. Sawyer, *Flashforward*

340 Emily Brontë, *Les Hauts de Hurlevent*

339 Peter Swanson, *Ceux qu'on sauve*

338 Horace McCoy, *On achève bien les chevaux*

337 Blake Crouch, *Famous*

336 Tiffany McDaniel, *Du côté sauvage*

335 John Gierach, *Sur la tombe du pêcheur inconnu*

334 Craig Johnson, *À vol d'oiseau*

333 David Vann, *La Contrée obscure*

332 Mark Twain, *Les Aventures de Huckleberry Finn*

331 Mark Twain, *Les Aventures de Tom Sawyer*

330 Edward Abbey, *Un fou ordinaire*

329 Larry McMurtry, *Adieu cheyenne*

328 Giorgio Scerbanenco, *Le sable ne se souvient pas*

327 Piergiorgio Pulixi, *La Librairie des chats noirs*

326 James Crumley, *Folie douce*

325 Mario Rigoni Stern, *Les Saisons de Giacomo*

324 Peter Farris, *Le Présage*

323 Julia Glass, *En ces temps de tempêtes*

322 Wallace Stegner, *L'Envers du temps*

321 Vera Buck, *Les Enfants loups*

320 Mark Haskell Smith, *Delicious*

319 Elliot Ackerman et James Stavridis, *2054*

318 Lea Carpenter, *Onze Jours*

317 Ross Macdonald, *L'Ennemi immédiat*

316 Blake Crouch, *Upgrade*

315 Peter Benchley, *Les Dents de la mer*

314 Eowyn Ivey, *L'Enfant de neige*

313 Benjamin Whitmer, *Dead Stars*

312 Andrew J. Graff, *Plein Nord*

311 Keith McCafferty, *Buffalo Blues*

310 Jaap Robben, *Au crépuscule*

309 Jake Hinkson, *Rattrape-le !*
308 Daniel Woodrell, *Sous la lumière cruelle*
307 Piergiorgio Pulixi, *La Septième Lune*
306 Robert J. Sawyer, *Trilogie de l'Éveil 3 : Wonder*
305 Robert J. Sawyer, *Trilogie de l'Éveil 2 : Watch*
304 Robert J. Sawyer, *Trilogie de l'Éveil 1 : Wake*
303 Peter Swanson, *Ceux qu'on tue*
302 Friedrich Dürrenmatt, *Le Juge et son bourreau. Le Soupçon*
301 Chris Offutt, *Les Fils de Shifty*
300 Craig Johnson, *Tous les démons sont ici*
299 Charles Frazier, *Retour à Cold Mountain*
298 Maren Uthaug, *Une fin heureuse*
297 Lizzie Pook, *La Fille du pêcheur de perles*
296 Edward Abbey, *Seuls sont les indomptés*
295 John Gierach, *Danse avec les truites*
294 Giorgio Scerbanenco, *Les Milanais tuent le samedi*
293 James Crumley, *La Contrée finale*
292 Craig Johnson, *Molosses*
291 Wallace Stegner, *Angle d'équilibre*
290 Sarai Walker, *Les Voleurs d'innocence*
289 Walter Tevis, *La Couleur de l'argent*
288 William Boyle, *Éteindre la Lune*
287 Howard Fast, *Spartacus*
286 Mario Rigoni Stern, *L'Année de la victoire*
285 Larry McMurtry, *Cavalier, passe ton chemin*
284 Giorgio Scerbanenco, *Les Enfants du massacre*
283 Jenny Lund Madsen, *Trente jours d'obscurité*
282 Mark Haskell Smith, *Épices & Love*
281 S. Craig Zahler, *Dédale mortel*
280 Dennis Lehane, *Le Silence*
279 Andrew J. Graff, *Le Radeau des étoiles*
278 Blake Crouch, *Dark Matter*
277 Kent Wascom, *Le Sang des cieux*
276 Friedrich Dürrenmatt, *La Panne*

275 Daniel Woodrell, *Winter's Bone*
274 Piergiorgio Pulixi, *Le Chant des innocents*
273 Ross Macdonald, *Argent noir*
272 Tess Gunty, *Écoutez-moi jusqu'à la fin*
271 Julia Glass, *Je te vois partout*
270 Craig Johnson, *Dark Horse*
269 Aldo Leopold, *Almanach d'un comté des sables*
268 Blake Crouch, *Wayward Pines 3 : Destruction*
267 Blake Crouch, *Wayward Pines 2 : Rébellion*
266 Blake Crouch, *Wayward Pines 1 : Révélation*
265 Jennifer Haigh, *Mercy Street*
264 Maren Uthaug, *Là où sont les oiseaux*
263 Chris Offutt, *Les Gens des collines*
262 Pete Fromm, *Avant la nuit*
261 Lance Weller, *Le Cercueil de Job*
260 John Gierach, *Truites & Cie*
259 James Crumley, *Les Serpents de la frontière*
258 Giorgio Scerbanenco, *Tous des traîtres*
257 Friedrich Dürrenmatt, *La Promesse*
256 Larry McMurtry, *Et tous mes amis seront des inconnus*
255 Wallace Stegner, *Vue cavalière*
254 Piergiorgio Pulixi, *L'Illusion du mal*
253 Helene Bukowski, *Les Dents de lait*
252 JoAnne Tompkins, *Ce qui vient après*
251 Mark Haskell Smith, *Elephant crunch*
250 Tiffany McDaniel, *L'été où tout a fondu*
249 Alan Le May, *La Prisonnière du désert*
248 Oakley Hall, *Warlock*
247 Peter Swanson, *Chaque serment que tu brises*
246 Giulia Caminito, *L'eau du lac n'est jamais douce*
245 Christina Sweeney-Baird, *La Fin des hommes*
244 John D. Voelker, *Testament d'un pêcheur à la mouche*
243 Maren Uthaug, *Et voilà tout*
242 Ross Macdonald, *La Face cachée du dollar*

241 Pete Fromm, *Le Lac de nulle part*
240 Julia Glass, *Conte d'automne*
239 Giorgio Scerbanenco, *Vénus privée*
238 Elliot Ackerman et James Stavridis, *2034*
237 Thomas Savage, *La Reine de l'Idaho*
236 Kathleen Dean Moore, *Sur quoi repose le monde*
235 Walter Tevis, *L'Arnaqueur*
234 Paul Tremblay, *La Cabane aux confins du monde*
233 Mario Rigoni Stern, *Histoire de Tönle*
232 Kate Reed Petty, *True Story*
231 William Boyle, *La Cité des marges*
230 Keith McCafferty, *Le Baiser des Crazy Mountains*
229 Elliot Ackerman, *En attendant Eden*
228 John Gierach, *Même les truites ont du vague à l'âme*
227 Charles Portis, *True Grit*
226 Jennifer Haigh, *Ce qui gît dans ses entrailles*
225 Doug Peacock, *Marcher vers l'horizon*
224 James McBride, *Deacon King Kong*
223 David Vann, *Komodo*
222 John Farris, *Furie*
221 Edward Abbey, *En descendant la rivière*
220 Bruce Machart, *Des hommes en devenir*
219 Mark Haskell Smith, *À bras raccourci*
218 Winston Groom, *Forrest Gump*
217 Larry McMurtry, *Les Rues de Laredo*
216 Terry Tempest Williams, *Refuge*
215 Wallace Stegner, *La Vie obstinée*
214 Piergiorgio Pulixi, *L'Île des âmes*
213 Giulia Caminito, *Un jour viendra*
212 Julia Glass, *Refaire le monde*
211 David Heska Wanbli Weiden, *Justice indienne*
210 Alex Taylor, *Le sang ne suffit pas*
209 Ross Macdonald, *Le Frisson*
208 Tiffany McDaniel, *Betty*

207 John D. Voelker, *Itinéraire d'un pêcheur à la mouche*
206 Thomas Berger, *Little Big Man*
205 Peter Swanson, *Huit Crimes parfaits*
204 Andy Davidson, *Dans la vallée du soleil*
203 Walter Tevis, *L'Homme tombé du ciel*
202 James Crumley, *Le Canard siffleur mexicain*
201 Robert Olmstead, *Le Voyage de Robey Childs*
200 Pete Fromm, *Chinook*
199 Keith McCafferty, *La Vénus de Botticelli Creek*
198 Tom Robbins, *Jambes fluettes, etc.*
197 Nathaniel Hawthorne, *La Lettre écarlate*
196 Jennifer Haigh, *Le Grand Silence*
195 Kent Wascom, *Les Nouveaux Héritiers*
194 Benjamin Whitmer, *Les Dynamiteurs*
193 Barry Lopez, *Rêves arctiques*
192 William Boyle, *L'amitié est un cadeau à se faire*
191 Julia Glass, *Jours de juin*
190 Mark Haskell Smith, *Coup de vent*
189 Trevanian, *L'Été de Katya*
188 Chris Offutt, *Sortis des bois*
187 Todd Robinson, *Une affaire d'hommes*
186 Joe Wilkins, *Ces montagnes à jamais*
185 James Oliver Curwood, *Grizzly*
184 Peter Farris, *Les Mangeurs d'argile*
183 David Vann, *Un poisson sur la Lune*
182 Mary Relindes Ellis, *Le Guerrier Tortue*
181 Pete Fromm, *La Vie en chantier*
180 James Carlos Blake, *Handsome Harry*
179 Walter Tevis, *Le Jeu de la dame*
178 Wallace Stegner, *Lettres pour le monde sauvage*
177 Peter Swanson, *Vis-à-vis*
176 Boston Teran, *Méfiez-vous des morts*
175 Glendon Swarthout, *Homesman*
174 Ross Macdonald, *Le Corbillard zébré*

139 William Boyle, *Le Témoin solitaire*
138 Wallace Stegner, *Le Goût sucré des pommes sauvages*
137 James Carlos Blake, *Crépuscule sanglant*
136 Edgar Allan Poe, *Le Chat noir et autres histoires*
135 Keith McCafferty, *Meurtres sur la Madison*
134 Emily Ruskovich, *Idaho*
133 Matthew McBride, *Frank Sinatra dans un mixeur*
132 Boston Teran, *Satan dans le désert*
131 Ross Macdonald, *Le Cas Wycherly*
130 Jim Lynch, *Face au vent*
129 Pete Fromm, *Mon désir le plus ardent*
128 Bruce Holbert, *L'Heure de plomb*
127 Peter Farris, *Le Diable en personne*
126 Joe Flanagan, *Un moindre mal*
125 Julia Glass, *La Nuit des lucioles*
124 Trevanian, *Incident à Twenty-Mile*
123 Thomas Savage, *Le Pouvoir du chien*
122 Lance Weller, *Les Marches de l'Amérique*
121 David Vann, *L'Obscure Clarté de l'air*
120 Emily Fridlund, *Une histoire des loups*
119 Jake Hinkson, *Sans lendemain*
118 James Crumley, *Fausse Piste*
117 John Gierach, *Sexe, mort et pêche à la mouche*
116 Charles Williams, *Hot Spot*
115 Benjamin Whitmer, *Cry Father*
114 Wallace Stegner, *Une journée d'automne*
113 William Boyle, *Tout est brisé*
112 James Fenimore Cooper, *Les Pionniers*
111 S. Craig Zahler, *Une assemblée de chacals*
110 Edward Abbey, *Désert solitaire*
109 Henry Bromell, *Little America*
108 Tom Robbins, *Une bien étrange attraction*

TOTEM
Gallmeister

CET OUVRAGE A ÉTÉ COMPOSÉ PAR
ATLANT'COMMUNICATION
AU BERNARD (VENDÉE).

ACHEVÉ D'IMPRIMER EN JANVIER 2026 SUR LES PRESSES
DE NORMANDIE ROTO IMPRESSION S.A.S., 61250 LONRAI
POUR LE COMPTE DES ÉDITIONS GALLMEISTER

IMPRIMÉ EN FRANCE

DÉPÔT LÉGAL : FÉVRIER 2026
N° D'IMPRESSION : 2504525